PSICOLOGIA CLÍNICA COMPORTAMENTAL

A Inserção da Entrevista
com Adultos e Crianças

PSICOLOGIA CLÍNICA COMPORTAMENTAL

A Inserção da Entrevista
com Adultos e Crianças

3ª ed.
revista e ampliada

Edwiges de Mattos Silvares
Maura Alves Nunes Gongora

EDICON

CIP-BRASIL. CATALOGAÇÃO-NA-FONTE
SINDICATO NACIONAL DOS EDITORES DE LIVROS, RJ

S585p
3. ed.

Silvares, Edwiges Ferreira de Mattos
 Psicologia clínica comportamental : a inserção da entrevista com adultos e crianças / Edwiges Ferreira de Mattos Silvares, Maura Alves Nunes Gongora. - 3. ed. - São Paulo : Edicon, 2015.

 192 p. : il. ; 21 cm.

 Inclui bibliografia e índice
 ISBN 978-85-290-0970-4

 1. Psicologia clínica. 2. Entrevista. I. Título.

15-19508   CDD: 150.195
                 CDU: 159.965.2

Contato com as autoras: efdmsilv@usp.br   maura@uel.br

EDICON
Editora e Consultoria Ltda.
(11) 3255 1002 • 3255 9822
Rua Gama Cerqueira, 87 Cambuci
CEP 01539-010 São Paulo/SP
www.edicon.com.br
contato@edicon.com.br

SUMÁRIO

APRESENTAÇÃO DA TERCEIRA EDIÇÃO 11

PARTE I

A ENTREVISTA CLÍNICA: FUNDAMENTOS, CONCEITOS, MODELO E HABILIDADES DE ENTREVISTAR

Maura Alves Nunes Gongora

CAP. 1

DA ENTREVISTA DE PESQUISA À ENTREVISTA CLÍNICA; DO CONTEÚDO AO PROCESSO: ESCLARECIMENTOS CONCEITUAIS 17

1 A ENTREVISTA ENQUANTO CONTEÚDO 18
   1.1 Críticas mais comuns aos instrumentos de relato verbal e à entrevista 19
   1.2 Limitações e dificuldades na utilização da observação direta em situação clínica 21
   1.3 Considerações quanto ao uso da entrevista na prática clínica 22

2 A ENTREVISTA ENQUANTO PROCESSO 25
   2.1 A visão não diretiva 25
   2.2 A entrevista como interação 27
      2.2.1 Particularidades da dimensão interacional da entrevista 28
   2.3 A dimensão processo na prática clínica comportamental 29

3 A ENTREVISTA CLÍNICA 31

CAP. 2

HABILIDADES DE ENTREVISTAR 33
1 INTERAGIR COM EMPATIA 35
2 HABILIDADES NÃO VERBAIS 37

   3 HABILIDADES DE PERGUNTAR 38
   4 OPERACIONALIZAR INFORMAÇÕES 42
   5 PARAFRASEAR 44
   6 REFLETIR SENTIMENTOS 45
   7 SUMARIAR OU RESUMIR 46
   8 CONTROLAR A ENTREVISTA 47
   9 MANTER SEQUÊNCIA 48
   10 RECOMENDAÇÕES GERAIS AOS INICIANTES 50

CAP. 3
ENTREVISTA CLÍNICA INICIAL: OBJETIVOS, MODELO E LISTA DE INFORMAÇÕES A SEREM OBTIDAS 55

   1 ENTREVISTA CLÍNICA INICIAL: OBJETIVOS 57
   2 ENTREVISTA CLÍNICA INICIAL: UM MODELO 59
      2.1 INTRODUÇÃO 62
      2.3 DESENVOLVIMENTO 62
      2.4 ENCERRAMENTO 64
   3 LISTA DE INFORMAÇÕES A SEREM OBTIDAS 65

PARTE II
A ENTREVISTA CLÍNICA COMPORTAMENTAL NO TRABALHO COM CRIANÇAS
Edwiges Ferreira de Mattos Silvares

CAP. 4
POR QUE ENTREVISTAR PAIS E PROFESSORES DA CRIANÇA ENCAMINHADA PARA ATENDIMENTO PSICOLÓGICO 77

CAP. 5
ENTREVISTANDO OS PAIS DA CRIANÇA ENCAMINHADA PARA ATENDIMENTO PSICOLÓGICO 85

1 PROPÓSITOS DAS ENTREVISTAS INICIAIS COM OS PAIS 86

1.1 Identificando e descrevendo o (s) comportamento (s) problemático (s) infantis com os pais 89

1.2 Conhecendo as expectativas da família com relação às "causas" do comportamento infantil e sobre como proceder mudanças 93

1.3 Estabelecendo um bom *rapport* com a família 95

1.4 Formulando análises funcionais hipotéticas 97

1.5 Obtendo dados quantitativos sobre comportamentos problemáticos 100

1.6 Inteirando-se das variações naturais, nos comportamentos problemáticos, derivadas de tentativas promovidas pela própria família para obter alterações comportamentais 101

1.7 Levantando o "menu" de informações infantis 102

1.8 Avaliando o potencial de mediação 103

1.9 Descobrindo os pontos fortes da criança 105

1.10 Levantando dados do desenvolvimento infantil e da evolução do caso 107

1.11 Definindo comportamentos alternativos como objetivos do trabalho de intervenção 108

1.12 A entrevista de *feedback* com os pais 108

CAP. 6
ENTREVISTANDO A CRIANÇA ENCAMINHADA PARA ATENDIMENTO PSICOLÓGICO 111

CAP. 7
ENTREVISTANDO OS PROFESSORES DA CRIANÇA ENCAMINHADA PARA ATENDIMENTO PSICOLÓGICO 123

CAP. 8
A ENTREVISTA CLÍNICA DE *FEEDBACK* À FAMÍLIA 131

1 PROBLEMAS NA ENTREVISTA DE *FEEDBACK* E ESTRATÉGIAS PREVENTIVAS 142

PARTE III
ENSINANDO ENTREVISTA CLÍNICA
Maura Alves Nunes Gongora

CAP. 9
SUGESTÕES AOS PROFESSORES E SUPERVISORES 147

1 ESTUDOS DESENVOLVIDOS COM ALUNOS DE PSICOLOGIA 149

2 ESTUDOS DESENVOLVIDOS COM ALUNOS DE MEDICINA 162

3 CONSIDERAÇÕES GERAIS SOBRE OS PROGRAMAS DE ENSINO
E SUGESTÕES AOS PROFESSORES 172

4 UM MODELO DE *CHECKLIST* 174

REFERÊNCIAS 179

APRESENTAÇÃO DA TERCEIRA EDIÇÃO

Este livro surgiu da necessidade das autoras [ambas professoras supervisoras de disciplinas do curso de graduação em Psicologia, com prática em análise comportamental], de se ter um referencial nacional prático, sobre entrevista, para clínicos iniciantes. O aluno de Psicologia e, por sua proximidade com esta área, também os estudantes de outras áreas da saúde (como por exemplo: Fisioterapia, Fonoaudiologia, Medicina) ao se iniciarem na prática clínica [seja ao fazer a triagem e a avaliação ou mesmo ao iniciar um procedimento terapêutico], precisam contar com um texto no qual fiquem claros os principais aspectos de um dos instrumentos clínicos mais utilizados nessas práticas: a entrevista. Em outras palavras, o aluno precisa de um texto que lhe ofereça, além dos fundamentos da entrevista, formas de agir para melhor entrevistar. Os livros, voltados para esse tema, disponíveis no mercado, além de não seguirem a orientação comportamental, na maioria das vezes, são muito gerais, isto é, deixam pouco claras as estratégias possíveis de serem aplicadas para se conduzir uma entrevista clínica de qualidade.

A ideia de publicar um livro como este tomou forma em 1998, por ocasião do VIII Simpósio da ANPEPP (Associação Nacional de Pesquisa e Pós-graduação em Psicologia), realizado em Gramado – RS. Nesse encontro os participantes do grupo de trabalho – Atendimento psicológico em clínicas-escola – discutiram algumas ações a serem tomadas, pelos seus componentes, para fazer frente à carência de livros didáticos brasileiros voltados para a formação dos estudantes de Psicologia e de áreas afins da Saúde. Assim, ainda em 1998, foi publicada a primeira edição. Devido a uma significativa demanda pelo livro, em 2006 foi publicada a segunda edição, muito semelhante à primeira. Como a demanda ainda se mantém estamos apresentando agora a terceira edição que, desta vez, passou por marcantes alterações.

Nesta terceira edição, além de atualizações na literatura, mantivemos o amplo levantamento da literatura clássica (das décadas de 70 a 90) das edições anteriores. Consideramos relevante manter essa literatura, porque foi nessas décadas que ocorreu o estabelecimento e a consolidação dos principais fundamentos e conceitos atuais da entrevista clínica.

Nas edições anteriores o livro dividia-se em duas partes; nesta, divide-se em três. As duas primeiras partes apresentam características de um manual dirigido, principalmente, ao aluno; a terceira parte é dedicada a informações e sugestões aos professores e supervisores. Cada parte foi escrita de modo independente por uma das autoras. Assim, Edwiges Ferreira de Mattos Silvares escreveu a parte II (com cinco capítulos); enquanto Maura Alves Nunes Gongora escreveu a parte I (com três capítulos) e a parte III (com um capítulo). Cada parte pode ser lida independentemente das demais. Os capítulos também podem, eventualmente, serem lidos de modo independente.

A primeira parte inclui os fundamentos da entrevista, o esclarecimento de diversos conceitos relativos à atividade de entrevistar e descreve habilidades e estratégias de entrevistar. Essa primeira parte dirige-se especialmente à entrevista em geral e à entrevista com adultos. Já a segunda parte apresenta orientações para quem trabalha com crianças usando entrevistas. Inclui orientações sobre entrevistas com pais, professores, outros cuidadores e com a própria criança. Por fim, a terceira e última parte apresenta resultados de pesquisa e sugestões aos professores e supervisores quanto aos métodos de ensinar a entrevista clínica aos alunos.

A ampla reestruturação implementada nesta terceira edição foi necessária porque desde a primeira edição, há mais de quinze anos, muitos conceitos e a própria linguagem da análise comportamental mudaram, o que demandava uma atualização do texto. Nesse período também aprendemos com nossa prática e recebemos muitas sugestões de colegas, de alunos e de outros leitores. Esperamos, modestamente, atender aos anseios de todos eles a quem dedicamos nossos profundos agradecimentos.

Edwiges Ferreira de Mattos Silvares
Maura Alves Nunes Gongora

PARTE I

A ENTREVISTA CLÍNICA:
FUNDAMENTOS, CONCEITOS, MODELO
E HABILIDADES DE ENTREVISTAR

Maura Alves Nunes Gongora

1

DA ENTREVISTA DE PESQUISA À ENTREVISTA CLÍNICA

DO CONTEÚDO AO PROCESSO:
esclarecimentos conceituais

Historicamente, a entrevista foi concebida como um dos instrumentos utilizados em coleta de dados nas ciências sociais, incluindo entre elas a Psicologia. Enquanto utilizada apenas como instrumento de pesquisa, os cuidados metodológicos que se tomavam visavam, basicamente, garantir a validade dos dados com ela obtidos. Portanto, era pelos dados fornecidos que a entrevista era escolhida e avaliada enquanto instrumento de pesquisa.

Quando, mais tarde, a entrevista foi concebida e adotada com objetivos clínicos, passou a ser abordada, também, sob outro prisma: processo de interação e de intervenção terapêutica. Sendo assim, atualmente, em Psicologia clínica, a entrevista é compreendida em duas dimensões: a já tradicional denominada de conteúdo ou coleta de dados, e uma segunda, denominada processo.

1 A ENTREVISTA ENQUANTO CONTEÚDO

A dimensão conteúdo refere-se às informações específicas que se procura obter ao se realizar uma entrevista. Embora, a rigor, essas informações não se constituam necessariamente em dados, nos manuais, a dimensão ora referida tem sido denominada "coleta de dados". Para maior clareza do que se entende por ela, basta recordar todos os roteiros encontrados nos manuais, nos quais são listados os dados que podem ser obtidos com aquela entrevista clínica específica.

A entrevista é um dos instrumentos de relato verbal utilizados amplamente na Psicologia. Portanto, está sujeita ao mesmo tipo de apreciação que, geralmente, são feitas aos instrumentos desse tipo (questionários, escalas, inventários e testes padronizados).

Há uma vasta e tradicional literatura analisando e criticando a entrevista, e os demais instrumentos de relato verbal, no que se refere à validade de seus dados, ou seja, ao seu conteúdo. Os autores da Análise Experimental do Comportamento (A.E.C.) estão entre os principais críticos desses instrumentos. Em seu lugar, tendem a sugerir a observação direta do comportamento.

No entanto, este é um livro que recomenda o uso da entrevista, pois, tem como objetivo demonstrar como e em quais condições da prática clínica, a entrevista tem se mostrado útil e imprescindível. Considerar e contornar as críticas, tem se mostrado a melhor forma de bem utilizar a entrevista no contexto clínico. Por entender que as críticas devam ser levadas em consideração, iniciamos com uma breve apresentação e discussão daquelas mais comuns e pertinentes.

1.1 Críticas mais comuns aos instrumentos de relato verbal e à entrevista

Uma primeira crítica pontua o fato de que, durante a entrevista, a pessoa entrevistada relata sua percepção do comportamento sobre o qual relata e não como ele realmente ocorreu. Além disso, tendem a perceber apenas as respostas, mas a análise do comportamento exige dados não só sobre as respostas, mas também sobre as contingências em vigor. Os leigos, em geral, não estão atentos a todos os aspectos das contingências. Como afirmam Goldfried & Davison (1976), muitas vezes, o comportamento relevante envolve respostas super aprendidas cujos controles não são percebidos pelos clientes.

Há ainda, na entrevista, os limites da linguagem utilizada – entrevistador e entrevistado podem decodificar diferentemente as mesmas palavras – e, neste caso, o resultado da entrevista será limitado ou mesmo equivocado. Segundo Mucchielli (1978), o código escolhido é influenciado por variáveis culturais, educativas, históricas e pessoais, entre outras.

Kanfer & Phillips (1974) relataram vários resultados de pesquisa sobre as variáveis do experimentador e os aplicaram à situação de entrevista, no sentido de apontar os seus limites. Esses autores lembram que a década de 1960 foi rica em estudos desse tipo e, embora a maioria deles não fosse realizada diretamente em condições clínicas, permitiram uma ampla avaliação da situação de entrevista clínica. Seguem-se alguns dos resultados dessas pesquisas, por eles descritos:

a) Vários experimentos mostram que pode não haver congruência entre o que as pessoas dizem sobre seu próprio comportamento e o que se pode observar, diretamente, do mesmo comportamento;

b) Os entrevistados tendem a responder como eles pensam que deveria ser a resposta apropriada ou esperada pelo entrevistador;

c) Os pesquisadores ou os terapeutas podem induzir os participantes de pesquisas ou os entrevistados para darem as respostas que confirmam suas hipóteses;

d) Estímulos reforçadores mínimos, como sinais de cabeça, sorrisos e murmúrios verbais influenciam no tipo de produção verbal do cliente – isto tende a ocorrer tanto com terapeutas diretivos quanto com os não diretivos;

e) Características sociais do experimentador e do participante da pesquisa podem correlacionar-se produzindo resultados específicos do perfil comportamental de ambos;

f) Estudos também mostraram correlação positiva entre as seguintes variáveis do entrevistador: demonstração de ansiedade, de hostilidade e de especificidade das indagações, com as respostas fisiológicas, emocionais, do entrevistado.

Frente a essas e outras críticas formuladas e, talvez, por outras razões teóricas, como a adoção do behaviorismo metodológico, o instrumento eleito, principalmente pela Análise Experimental do Comportamento, nas décadas de sessenta e setenta, foi a observação direta. Nessas décadas, para que um autor comportamental pudesse publicar um trabalho, era praticamente um requisito a utilização da observação direta (BELLACK & HERSEN, 1988).

Desde a década de noventa, no entanto, tem havido uma nova compreensão do que foi mencionado acima como "limitações" da entrevista. Será visto mais adiante que tais limitações são compreendidas pelos clínicos como características próprias e inalienáveis do entrevistar, bem como de toda e qualquer relação entre pessoas. No próximo capítulo serão apresentadas estratégias de entrevistar que permitem, justamente, contornar o que seriam essas "limitações". Ou, em outros termos, permitem explorar certas características próprias da interação terapeuta cliente a favor do alcance dos objetivos da entrevista e da validade da informação com ela obtida.

No que diz respeito à observação direta, seu uso na área clínica revelou que a mesma também apresenta uma série de limites.

1.2 Limitações e dificuldades na utilização da observação direta em situação clínica

a) Em muitas situações clínicas o comportamento problema pode ser de frequência relativamente baixa. Neste caso, seria difícil a avaliação por meio de observação direta que demanda registros de frequência.

b) Em geral, a observação direta demanda muito tempo e altos custos, o que pode torná-la inviável em certas situações clínicas, especialmente nos casos de urgência.

c) É difícil aplicar a observação direta na avaliação de comportamentos íntimos como os sexuais, por exemplo, ou outros que envolvam aspectos morais.

d) A observação direta não é aplicável aos comportamentos encobertos, cuja importância na área clínica parece indiscutível. Em Gongora (2003), a análise de comportamentos verbais encobertos esclarece a relevância clínica de algumas funções desses comportamentos.

e) Quando comparada com a grande quantidade de informações que se pode obter com uma entrevista bem conduzida, pode-se dizer que a observação direta tende a fornecer poucas informações. Com isso, torna-se mais indicada para a pesquisa de classes de comportamento pontuais.

f) Por outro lado, o fato de suas informações apresentarem fidedignidade[1] não implica que também apresentem validade[2]. Por isso, Bellack & Hersen (1988) lembram que a observação direta pode, inclusive, ser utilizada para avaliar comportamentos-problema que não apresentem validade social[3]. Ainda, na opinião desses autores, na década de oitenta houve um desencanto com a superioridade da observação direta.

O que se pode concluir do exposto é que ambas as formas de avaliação possuem seus limites, ou mais que isso, apresentam características e indicações próprias. Parece, então, mais pertinente uma análise e discussão, ainda que breves, de suas particularidades.

1.3 Considerações quanto ao uso da entrevista na prática clínica

Nossa experiência tem mostrado que há situações de avaliação clínica nas quais a entrevista é insubstituível. Segundo Balau (1980); Bellack & Hersen (1988); Iwata et al. (1982); Keefe et al. (1980); Kohlenberg & Tsai (1991); Lazarus (1979); Ollendick & Hersen (1984) e Mc Conaughy (2005) a entrevista é considerada essencial para: estabelecer os primeiros contatos com o cliente, identificar seu problema, definir objetivos de tratamento, levantar hipóteses e, inclusive, verificar a necessidade de outras formas de avaliação. Isto, porque todos eles defendem a adoção de várias formas de avaliação, todavia, geralmente iniciando-se pela entrevista. Alguns deles lembram, também, que a entrevista é muito prática, não exigindo nem

---

[1] Fidedignidade – consiste na concordância entre os avaliadores.
[2] Validade – consiste em realmente se medir aquilo que se pretende.
[3] Validade social – implica tratar-se de problemas considerados socialmente relevantes.

material, nem local sofisticado; mas, apenas, um entrevistador habilitado. Desse modo, embora a observação direta possa ser extremamente útil na avaliação clínica não daria conta de substituir a entrevista.

Ainda sobre a utilização da entrevista, Hayes (1987) apresenta uma divisão do comportamento humano em três categorias: respostas motoras, físico-emocionais, e cognitivo-verbais, as quais ele denomina "sistema tríplice de respostas." Segundo ele, para cada uma dessas categorias de resposta aplica-se um instrumento de avaliação. Assim, para as respostas motoras é mais adequada a observação direta; para as respostas cognitivo-verbais aplicam-se os instrumentos de relato verbal, incluindo a entrevista; e, para as respostas físico-emocionais aplicam-se as medidas fisiológicas e, também, o relato verbal, para se ter ideia do que o cliente percebe delas.

Barlow et al. (1986) e Hays (2004) afirmam que, embora estudos demonstrem não haver correlação entre os três sistemas de resposta citados acima, isto não implica serem os relatos verbais inferiores; mas, apenas, que eles são diferentes: a medida da experiência subjetiva e cognitiva. Kanfer & Phillips (1974) já afirmavam que as medidas de relato verbal não devem ser entendidas simplesmente como relatos de eventos. O que medem é "o que o cliente pensa e sente em relação aos eventos", o que é de suma importância do ponto de vista clínico. Estes autores já defendiam que "A falta de correlação alta entre medidas verbais e não verbais não implica em uma subordinação de um sistema de resposta a outro (...). Ao invés disso, demonstra a necessidade de relacionar medidas de resposta que sejam relevantes à questão a ser respondida" (p.181).

Ollendick & Hersen (1984) entendem que a entrevista é especialmente útil na clínica, por ser um veículo usado continuamente para monitorar o progresso do tratamento e obter *feedback* para reformulações. Dizem, ainda, ser um instrumento muito flexível – permite obter dados muito amplos e também muito específicos, o que aumenta a confiabilidade de ambos. Além disso, lembram que para muitas pessoas é mais fácil expressar-se falando, sem contar sua aplicabilidade aos analfabetos. E, por último, lembram que enquanto se entrevista também se observa.

O fato da entrevista não ser totalmente planejada e seguir certa improvisação, através de trocas verbais imediatas, confere-lhe uma grande possibilidade de auto correção. Trata-se, pois, de um instrumento de comunicação interativa, que permite esclarecimentos imediatos, o que a torna muito ágil na correção de informações. Tsai et al. (2009) lembram, ainda, que a imprevisibilidade do processo de entrevistar representa o espaço para a construção de uma relação acolhedora entre terapeuta e cliente.

Em síntese, os clínicos atuais, em sua maioria, entendem que, pelo fato de boa parte das variáveis que interferem na entrevista serem já identificáveis, pode-se traçar os limites de sua aplicação e, assim, aperfeiçoá-la. Desse modo, a entrevista pode ser extremamente útil, desde que se leve em conta o impacto de uma série de variáveis que podem afetá-la, e que a mesma seja escolhida em situações para as quais for apropriada. Deve-se lembrar que grande parte das técnicas ou estratégias de entrevistar foi desenvolvida para controlar a interferência de variáveis estranhas e maximizar a validade de seus dados. No capítulo dois estão relatadas as principais estratégias desse tipo.

Finalmente, resta observar que a polêmica travada quanto ao uso da observação direta em contraposição ao da entrevista só faz sentido se a mesma é vista simplesmente como instrumento de coleta de dados. Atualmente, ao se considerar a entrevista enquanto processo, parte dessa polêmica esvaziou-se, pois, conforme será esclarecido mais adiante, a entrevista passou a ter outras funções clínicas, não encontradas na observação direta.

2 A ENTREVISTA ENQUANTO PROCESSO

O termo processo é utilizado para referir-se à forma como se desenrola uma dada entrevista ou, ainda, à interação terapeuta-cliente que vai se alterando e se ajustando no decorrer da entrevista.

2.1 A VISÃO NÃO DIRETIVA

Não se pode descrever ou analisar a entrevista clínica em sua dimensão processo, sem se referir à grande contribuição, nesta área, do enfoque teórico "não diretivo". Foram os estudiosos desse enfoque, os primeiros a chamarem a atenção para a complexidade do que ocorre durante uma entrevista clínica, principalmente em seus estudos sobre Aconselhamento Psicológico. A década de 1970 foi especialmente rica nesses estudos. A visão não diretiva, neles contida, está claramente expressa em Benjamin (1978) e Mucchielli (1978), os quais aplicam à entrevista os mesmos pressupostos não diretivos utilizados ao abordarem o desenvolvimento humano, em geral. Estes pressupostos estão amplamente desenvolvidos em algumas obras de Carl R. Rogers, entre as quais se pode citar, "A pessoa como centro" (ROGERS & ROSENBERG, 1977).

Para Mucchielli (1978), a entrevista é uma forma de indução cujo objetivo é levar o cliente a expressar seu problema, o que só seria possível através do método não diretivo. Ainda, em sua opinião, são características desse método a ausência de investigação que inclua muitas perguntas, principalmente as diretas ou fechadas; também a ausência da interpretação, de conselhos e de qualquer tipo de avaliação ou de julgamento. O trabalho de Benjamin (1978) trata especificamente da análise dos tipos de perguntas que, geralmente, são feitas na entrevista clínica, e do efeito das mesmas sobre o cliente. Aliás, uma das influências marcantes desse enfoque sobre as práticas de entrevista sob outros enfoques teóricos foi, exatamente, quanto à importância da utilização de perguntas abertas, como se poderá ver adiante, na seção sobre estratégias de entrevistar.

Além dos últimos dois autores, Miranda & Miranda (1986) destacam, ainda, a pessoa do entrevistador como outro elemento fundamental na entrevista não diretiva, principalmente por tratar-se de entrevista de ajuda ou de aconselhamento. Eles afirmam que o entrevistador precisa ter qualidades pessoais: conhecer-se a si mesmo, estar livre de problemas e disponível para o cliente; precisa doar-se, ser sincero, genuíno e honesto. Precisa, ainda, estar seguro de si, aceitar o cliente incondicionalmente e compreendê-lo totalmente. Para tanto, o entrevistador ou conselheiro precisa aprender e aplicar um método rigoroso e preciso: o método centrado no cliente. As técnicas básicas para desenvolver esse método são o silêncio, as reflexões de sentimentos e de cognições – parafraseados – e as reformulações, acompanhadas de expressões variadas de compreensão e empatia. Perguntas deverão ser evitadas; todavia, se utilizadas, só do tipo aberta.

Na visão não diretiva, além das características já citadas, entende-se que o terapeuta não ajuda diretamente o cliente, é o próprio cliente quem se ajuda. O terapeuta é apenas um facilitador para o cliente conhecer-se, decidir e escolher se quer mudar (ROGERS & ROSENBERG, 1977). Como foi pontuado por Kanfer & Phillips (1974), o ambiente é muito pouco importante no enfoque não diretivo, pois, trata-se de uma visão de desenvolvimento humano calcada no princípio do espontaneísmo.

2.2 A entrevista como interação

Os autores e clínicos comportamentais, de modo semelhante ao da visão não diretiva, vêem a entrevista como uma interação verbal entre duas ou mais pessoas, através da qual se desenvolve uma complexa rede de influências mútuas. Neste sentido, Balau afirma que "... a atuação do entrevistador, no contexto de sua interação com o cliente, afetará o resultado dessa interação tanto para restringir, distorcer ou para facilitar a expressão verbal do cliente" (1980, pp. 2-3).

Quando autores comportamentais passaram a adaptar estratégias e conceitos de entrevista da tradição não diretiva para a prática clínica comportamental, foi possível fazê-lo com base na teoria skinneriana do comportamento verbal. Em Skinner (1957) havia já uma teoria que analisava as interações verbais entre as pessoas, cuja unidade mínima de análise foi por ele denominada – episódio verbal. Trata-se de um modelo fundamentalmente operante de análise do comportamento verbal, bastante apropriado para a compreensão da entrevista clínica que, até então, era fundamentada apenas na experiência dos clínicos, carecendo, portanto, de suporte teórico. Desde a década de noventa, tem se intensificado entre os analistas do comportamento publicações que facilitam a compreensão dessa complexa obra skinneriana. Essas publicações podem facilitar a compreensão da entrevista enquanto um episódio verbal operante. Bandini & De Rose (2006) e Santos et al. (2012) constituem bons exemplos dessas publicações. Em Gongora (2003) o leitor poderá encontrar uma ferramenta para compreender, inclusive, as ocorrências encobertas de comportamento verbal, com base no modelo operante skinneriano. Para compreender melhor a própria noção de comportamento operante em geral, como uma relação entre eventos, o leitor poderá consultar, entre outros autores, Lopes (2008).

2.2.1 Particularidades da dimensão interacional da entrevista clínica

Por tratar-se de interação, a literatura clínica atribui à entrevista uma série de atributos, além daqueles já relatados anteriormente. A maioria dos autores da área entende que, por tratar-se de uma interação, a entrevista não pode ser totalmente previsível. Neste sentido, Mucchielli (1978) lembra que não se repete uma entrevista, ou seja, nunca se conseguirá produzir duas iguais.

Kahn & Cannell (1957), os primeiros autores a tratarem, explicitamente, da entrevista enquanto processo, conceituam-na como padrão especializado de interação verbal, com propósito específico e consequente eliminação de material estranho.

Para Balau (1980) e Mc Conaughy (2005, 2013), a entrevista requer uma boa dose de espontaneidade e liberdade e, embora com objetivo específico, não é um interrogatório e, por isso, um requisito para a capacidade de entrevistar é o domínio de habilidades facilitadoras da expressão do cliente.

A entrevista é habilidade que pode ser desenvolvida com a prática, é técnica a ser examinada e aperfeiçoada, todavia, em vez de diminuir, isto só aumenta a compreensão humana (GARRET, 1974).

Gordon & Tolle (1991); Maguire (1990) e Whitehouse et al. (1984) referem-se às habilidades de entrevistar, como as em "comunicação" interpessoal. Neste sentido, McCready & Waring afirmam: "... entrevista é a habilidade de encorajar a exposição de informação pessoal com um propósito profissional específico (...) entrevistar é um tipo de comunicação interpessoal efetiva." (1986, p. 317).

Em resumo, pode-se destacar como características da entrevista: não ser totalmente previsível e, portanto, não completamente planejável como o questionário, por exemplo; mas, mesmo assim, não se trata de conversa comum, por ter sempre objetivos específicos de natureza profissional. Existe sempre o interesse do entrevistador em obter: ou determinadas informações do entrevistado, quando tratar-se apenas de coleta de dados, ou, mudanças comportamentais do cliente, quando tratar-se de intervenção clínica. O próprio fato de não ser completamente planejável, torna-a uma atividade complexa que, por isso, exige da parte do entrevistador, a adoção de métodos apropriados ao alcance de seus objetivos.

2.3 A DIMENSÃO PROCESSO NA PRÁTICA CLÍNICA COMPORTAMENTAL

A inserção da dimensão (processo) na prática clínica comportamental ocorre ao menos de duas formas:

a) Pelo fato da entrevista constituir-se em instrumento de coleta de dados, uma primeira forma de preocupar-se com o processo de entrevistar é no sentido de garantir a qualidade das informações com ela obtidas. Essa maneira de abordar o processo levou ao desenvolvimento de estratégias de entrevistar, que visam controlar as variáveis presentes na situação de entrevista, a fim de maximizar a validade das informações com ela obtidas.

Os terapeutas e os pesquisadores comportamentais, inicialmente, preocuparam-se basicamente com a coleta de dados sem dar muita atenção ao processo. No entanto, influenciados pelos estudos sobre as variáveis do experimentador e pelas críticas aos instrumentos de relato verbal, passaram, na década de oitenta, a aterem-se também ao processo, nessa primeira forma: para controlar as variáveis que "contaminariam" os dados, ou seja, como um domínio periférico dos procedimentos terapêuticos. Segue um exemplo desse enfoque:

A qualidade da interação estabelecida entre cliente e terapeuta altera a validade dos dados obtidos e os resultados do tratamento (HAYNES, 1978); (OLLENDICK & HERSEN 1984). Isso é fundamental porque, na entrevista clínica, não se pode ter confiabilidade nos dados, se a interação não for adequada Bellack & Hersen (1988); Keefe et al. (1980); Zaro et al. (1980).

b) Uma segunda forma de tratar o processo de entrevistar é analisá-lo ou utilizá-lo como método de intervenção. Neste caso, as estratégias de entrevistar desenvolvidas atendem não apenas à validade dos dados, mas visam, principalmente, mudanças terapêuticas no comportamento do cliente. Desde a década de noventa, tem havido, entre os terapeutas comportamentais, um amplo debate sobre o papel da relação terapêutica nos resultados da Psicoterapia. De uma posição complementar, a relação terapêutica tem passado a assumir posição cada vez mais essencial nos procedimentos terapêuticos comportamentais. Kohlenberg & Tsai (1987; 1991); Tsai et al. (2009) são exemplos típicos desse enfoque. Eles afirmam que, tradicionalmente, os terapeutas comportamentais viam na relação terapêutica apenas um fato motivador para a continuidade do tratamento ou facilitador da coleta de dados. Todavia, para eles, a própria terapia é uma complexa interação terapeuta-cliente e é, basicamente, através da relação terapêutica, que desenvolveram seu modelo de intervenção denominado FAP – *Functional Analytic Psychotherapy*.

Geralmente, quando as interações verbais, que ocorrem em sessão terapêutica, são tratadas como parte de métodos de "relação terapêutica" elas não são mais incluídas no campo da "entrevista clínica", mas, sim, da intervenção terapêutica. Contudo, independentemente do nome recebido, entendemos que o aluno que se inicia na prática clínica com a entrevista, já deve aprender a interagir com o cliente de modo apropriado à compreensão da importância da qualidade da relação com ele, seja para a validade dos dados, seja para a intervenção.

Atualmente, terapeutas comportamentais da denominada terceira geração (ou onda) têm aprofundado estudos da prática terapêutica, não só por meio da FAP acima mencionada. Eles exploram, particularmente, o potencial de certos procedimentos verbais em alterar controles de estímulos problemáticos encontrados nos repertórios comportamentais dos clientes. Esses procedimentos baseiam-se em estudos de relações de equivalência entre estímulos, com ênfase na mudança no controle de estímulos que pode ocorrer em certas práticas verbais. São exemplos de publicações que podem esclarecer essa tendência, Conte (2010) e Hays (2004).

3 A ENTREVISTA CLÍNICA

Até aqui têm sido explicitadas as dimensões conteúdo e processo próprias de qualquer entrevista. Mas as entrevistas ainda recebem diferentes adjetivações tais como: entrevista clínica, de pesquisa, de seleção... Ocorre que, em geral, dependendo dos diferentes objetivos da entrevista, ela pode assumir distintas denominações.

A entrevista clínica é assim denominada porque tem como objetivos, de um lado, obter dados pertinentes à avaliação diagnóstica e à intervenção terapêutica, de outro, desenvolver, ainda, uma relação terapêutica. São objetivos bastante distintos daqueles procurados pelo psicólogo, por exemplo, em uma entrevista de seleção para emprego ou de opinião.

Para concluir, pode-se dizer que, considerando-se a entrevista clínica em suas duas dimensões básicas: conteúdo e processo, o mais importante para uma análise comportamental e para o seu ensino, é entendê-la como um método de trabalho que implica um conjunto de habilidades que podem ser aprendidas e que, portanto, nos cursos de formação de psicólogos, ou de outros profissionais da saúde, precisa ser ensinada. Quase todos os autores da Psicologia, inclusive muitos com visão não diretiva, entendem que, da análise da atividade de entrevistar e da utilização dos conhecimentos produzidos pela Psicologia, pode-se desenvolver estratégias ou técnicas variadas, as quais fazem da entrevista um instrumento de trabalho mais efetivo, seja para coleta de dados no campo da avaliação, seja para a intervenção psicológica.

2

HABILIDADES DE ENTREVISTAR

As estratégias ou técnicas de entrevista nada mais são que comportamentos, que o terapeuta deve apresentar para obter os resultados desejados, junto ao cliente. Sendo assim, elas são referidas na literatura como "habilidades do terapeuta". O fato é que comportamentos verbais e não verbais do terapeuta têm significativos efeitos sobre as atitudes e comportamentos do cliente e sobre a informação por ele fornecida. Os métodos apresentados a seguir permitem a obtenção de dados com maior validade, ao mesmo tempo em que maximizam a relação terapeuta-cliente.

Para se obterem os dados de interesse por meio de entrevista, é necessária a utilização de diversas estratégias de entrevistar. Por isso, a escolha delas em cada entrevista particular vai depender muito de características do cliente e do terapeuta, bem como dos objetivos e do contexto daquela entrevista particular.

Atividades de ensino e de pesquisa mostram que o entrevistador pode desenvolver comportamentos altamente específicos e eficazes no sentido de alcançar os objetivos da atividade de entrevistar. A literatura muitas vezes se refere ao conjunto de habilidades como método de entrevistar. O estudo desse assunto é relativamente complexo, visto que uma mesma habilidade aparece com nomes diferentes, em diferentes autores; ou, ao contrário, autores que utilizam os mesmos nomes para designar determinadas habilidades, na verdade apresentam profundas diferenças conceituais, derivadas de diferentes enfoques teóricos.

Devido à complexidade e ao volume de informação sobre o tema e, para efeitos de clareza na exposição, decidimos agrupar em tópicos as principais habilidades levantadas na literatura clássica. Em geral, os tópicos receberam como títulos os nomes de habilidades tradicionalmente conhecidas, porém, quando isso não foi possível, a autora atribuiu-lhes um título descritivo. Constata-se na literatura que são altamente variadas as formas com que diferentes autores elegem e descrevem as principais habilidades. A sistematização, apresentada a seguir, é de nossa autoria e tem objetivos estritamente didáticos. Isto quer dizer que habilidades aqui apresentadas em tópicos distintos, nem sempre representam classes funcionalmente discretas de comportamento.

Como os diferentes referenciais teóricos que serviram como fonte não serão aqui discutidos, as habilidades serão apresentadas da forma mais descritiva possível. Além disso, em uma tentativa de melhor auxiliar os iniciantes, a descrição de cada grupo de habilidades será complementada com uma pequena lista dos principais riscos de erros que os iniciantes, geralmente, cometem e que poderiam ser evitados. Seguem-se, então, os tópicos formulados, referentes a nove grupos de habilidades.

1 HABILIDADES EMPÁTICAS

Essas habilidades conhecidas como empatia, referem-se às atitudes ou conjunto[4] de sentimentos positivos que o terapeuta deve apresentar em relação ao cliente. Os sentimentos e as atitudes mais comumente associados a este rótulo são autenticidade, sinceridade, genuinidade, honestidade, interesse, compreensão, abertura, estima, etc.. O termo pode referir-se também à percepção e à aceitação, pelo terapeuta, dos sentimentos do cliente; ou, ainda, à possibilidade do terapeuta imaginar-se no lugar do cliente.

Hackney & Nye (1977) lembram que não basta sentir, é preciso demonstrar os sentimentos através de comportamentos verbais e não verbais. Esses comportamentos serão descritos em outro tópico. Haynes (1978) sugere, ainda, que o terapeuta seja reforçador, isto é, que suas respostas positivas sejam contingentes às respostas desejadas do cliente. Para alguns terapeutas comportamentais, ser empático é ser uma pessoa reforçadora.

A empatia não envolve só a demonstração de sentimentos positivos; mas também a não demonstração de sentimentos negativos: raiva, aversão, pena... Para alguns, isto se refere à aceitação incondicional do cliente, pelo terapeuta. Os principais autores lembram que não se trata de não sentir de forma negativa, todavia, trata-se de controlar tais sentimentos. Auger (1981) e Billow & Mendelsohn (1990) sugerem, ao tratarem desse tema, que é importante o terapeuta se conhecer para identificar suas próprias fantasias e sentimentos positivos e negativos em relação ao cliente, antes de poder apresentar comportamentos empáticos em situação terapêutica. Kanter et al. (2009), defensores da FAP, sugerem que terapeutas devam ter

---

[4] "Empatia" também é utilizada para referir-se não a um conjunto de sentimentos, mas a um sentimento ou atitude entre os demais.

uma formação especialmente voltada ao trato afetivo com as pessoas em geral e com os clientes.

Enfim, a empatia implica compreender e aceitar a outra pessoa como ela é, sem pré-julgamentos. Isto não implica, necessariamente, aprovação ou perdão, no entanto, simplesmente, admitir que o cliente possa ser como é, inclusive, diferente do terapeuta.

A empatia, conforme Rudio (1987), não é unicamente uma estratégia opcional, mas deveria ocorrer em algum grau durante toda a entrevista, o que seria denominado relação empática. Watkins (1990) fez um estudo sobre o que ele considerou as quatro respostas básicas do conselheiro ou terapeuta, a empatia foi uma das quatro respostas por ele estudadas.

Além de amplamente divulgada entre os profissionais de Psicologia, ela foi também sugerida como habilidade básica de entrevistar, em diversos programas de ensino com estudantes de Medicina, descritos em Bacorn et al. (1987), Fairbairn et al. (1984), Lonborg et al. (1991) e Pollock et al. (1985), entre outros.

O leitor poderá verificar mais adiante que outras habilidades, dentre as descritas nos próximos tópicos, também podem intensificar a relação empática durante a entrevista.

Riscos a serem evitados:

- Preocupar-se demais com a informação e descuidar-se da interação;
- Apresentar preconceitos em relação ao cliente.

2 HABILIDADES NÃO VERBAIS

Amplamente descritos entre as habilidades de entrevistar, esses comportamentos geralmente se relacionam à voz, à expressão facial, à postura corporal e aos gestos. Duckworth et al. (1993), Hackney & Nye (1977) e Mc Conaughy, S. H. (2005; 2013) sugerem várias respostas não verbais adequadas à entrevista clínica, devido aos efeitos que tendem a exercer sobre o entrevistado. Entre esses efeitos, estão os de manter a atenção do cliente, estimulá-lo a falar e intensificar ou complementar a comunicação verbal. Seguem-se as habilidades não verbais mais comumente desenvolvidas nos programas de ensino da entrevista.

- Voz modulada, suave e firme;
- Animação da expressão facial;
- Olhar direta e seguramente nos olhos do cliente;
- Balançar ocasionalmente a cabeça;
- Sorriso ocasional;
- Gestos ocasionais com as mãos;
- Velocidade moderada da fala;
- Uso ocasional da expressão "hum-hum";
- O corpo deve estar relaxado;
- Postura corporal adequada e dirigida ao cliente, etc.:

Duckworth et al. (1993) e Mc Conaughy, S. H. (2005) lembram que todas as respostas não verbais sugeridas e outras, que poderão ser apresentadas, devem estar de acordo com a interação que se estabeleceu com o cliente e com o conteúdo verbal do momento. Sabe-se que tanto os reforçadores não verbais quanto os verbais dependem de diferentes parâmetros de cada cliente. Assim, não seria adequado decorar formas generalizadas de expressar-se a serem adotadas em todos os casos.

O terapeuta deve ficar atento também aos comportamentos não verbais do cliente.

Finalmente, como observam McCready & Waring (1986) e Pollock et al. (1985), espera-se que o terapeuta apresente, espontaneamente, comportamentos não verbais positivos e congruentes com os comportamentos verbais.

Riscos a serem evitados:

- Não perceber insinuações e respostas não verbais de cunho emocional, do cliente;
- O terapeuta apresentar comportamento não verbal negativo ou incongruente com seu comportamento verbal.

3 HABILIDADES DE PERGUNTAR

Nesse grupo de habilidades estão incluídas tanto a formulação quanto a utilização de perguntas.

As entrevistas tradicionais baseavam-se em perguntas, o que as tornavam semelhantes a um questionário ou interrogatório. Os autores não diretivos, entre eles Benjamin (1978) e Garret (1974), analisaram o grande impacto que a forma e o conteúdo das perguntas têm sobre o cliente. Também os autores comportamentais como Iwata et al. (1982), Miltenberger & Veltum (1988) e Callaghan (2006), entre outros, sugerem cuidados especiais na formulação e na utilização de perguntas. A discussão desse assunto é muito ampla. Para facilitar sua apresentação será dividida em três tópicos, a saber: a) formulação e utilização de perguntas, em geral; b) perguntas abertas e fechadas; e c) solicitações de esclarecimentos e de complementação.

a) Formulação e utilização de perguntas, em geral:

As perguntas devem ser únicas: apresentadas uma de cada vez, diretas, precisas, breves, claras e completas; sem frases interrompidas, sem depender de gestos do terapeuta ou de suposições sobre o cliente, inteligíveis por este, de preferência com a sua linguagem e dentro dos limites em que o cliente possa ou saiba responder;

A quantidade deve ser controlada, para não tornar-se um "bombardeio" de perguntas;

Após cada pergunta, deve-se esperar a resposta do cliente, sem interrompê-lo;

As perguntas devem relacionar-se aos objetivos da entrevista, caso contrário, parecerão bisbilhotice;

Deverão ser evitadas perguntas com "por que" (RIMM & MASTERS, 1983), e as perguntas tão indutoras que já contenham as respostas, ou induzam o cliente a dar a resposta que o terapeuta já espera;

Sugere-se evitar que as perguntas tenham o tom de acusação e/ou conduzam a antagonismos ou confrontos entre terapeuta e cliente.

b) Perguntas abertas e fechadas:

Um dos pontos mais delicados e discutidos na literatura que aborda a formulação de perguntas na entrevista clínica, refere-se à utilização adequada de questões "abertas e fechadas". Em vista disso, essas questões mereceram, aqui, uma exposição mais extensa.

O ponto básico a considerar é quando formular perguntas abertas ou fechadas.

Uma pergunta aberta nunca leva a uma única resposta ou a "sim ou não", mas induz a uma descrição do conteúdo abordado. Na pergunta aberta, é o cliente quem elege os pontos a serem incluídos nas respostas. Além disso, questões abertas levam a um maior volume de informações. Esse tipo de pergunta evita que o cliente responda conforme sugestões do terapeuta, enquanto o induz a dar suas próprias respostas genuínas. São exemplos de questões abertas: Como aconteceu? Como você se sentiu? Quais os principais fatos?

As questões abertas estimulam o cliente a falar mais e, por outro lado, geralmente fornecem informações mais gerais. Por isso, tais informações podem precisar de complementação e de esclarecimentos. Neste caso, a pergunta adequada seria mais fechada e direta sobre o ponto que se quer esclarecer. A pergunta fechada, ao contrário da aberta, induz respostas do tipo "sim ou não" e produz respostas curtas, por não estimular o cliente a falar. Seu conteúdo pode ser mais facilmente induzido pelo entrevistador. Por outro lado, perguntas fechadas tendem a produzir respostas mais específicas e precisas.

Do exposto, pode-se concluir que as questões abertas são adequadas para tratar de assuntos novos e amplos, enquanto as questões fechadas são as mais úteis para os assuntos já relatados pelo cliente, mas que exigem informações adicionais e específicas. Neste caso, as questões fechadas ou diretas vão dirigir-se a tópicos já introduzidos e eleitos pelo cliente.

Outro ponto a ser considerado é que, na entrevista clínica, o volume de questões de um ou de outro tipo pode depender das características do cliente que está sendo entrevistado e das especificidades daquela entrevista.

A maioria dos autores, porém, sugere que a preferência seja dada às questões abertas.

Para concluir, como lembram Callaghan (2006) e Garret (1974) as perguntas não deveriam ser decoradas, o que provavelmente as tornariam inoportunas. A formulação de perguntas, mesmo na entrevista semiestruturada, deveria sempre ser a mais apropriada aos objetivos de cada entrevista e regulada pelo tipo de interação então estabelecida entre entrevistador e entrevistado. Deveriam ser feitas com critérios, pois representam apenas uma das estratégias que podem ser utilizadas pelo entrevistador.

c) Solicitações de esclarecimentos e de complementação:

Já foi sugerido acima que as perguntas fechadas são úteis para pedidos de esclarecimentos e de complementação.

Nos primeiros (esclarecimentos), o terapeuta pode interromper a fala do cliente e solicitar-lhe esclarecimentos, quando pequenos pontos da exposição, que pareçam importantes, estiverem confusos. Isto pode ser feito rapidamente, sem prejuízo da continuidade do relato. Feito da maneira adequada, além de esclarecer as dúvidas, indica para o cliente atenção e interesse por parte do terapeuta (BALAU, 1980). A mesma autora ainda explica os pedidos de complementação. Nestes, o terapeuta pede, ao final da exposição sobre um assunto, informações adicionais pertinentes que possam ter sido omitidas ou esquecidas pelo cliente. Consistem, portanto, em solicitar mais informações que complementem o que já foi dito.

- Riscos a serem evitados:
- Bombardear o cliente com muitas questões, especialmente as fechadas;
- Fazer perguntas sem objetivo e que pareçam bisbilhotice;

- Fazer perguntas com tom de acusação;
- Fazer várias perguntas ao mesmo tempo;
- Fazer perguntas incompletas, com gestos ou ininteligíveis e, portanto, impossíveis de serem respondidas;
- Perguntar e não esperar a resposta, ou interrompê-la;
- Fazer perguntas vagas ou indiretas;
- Fazer perguntas tão indutoras que já contenham as respostas ou induzir o cliente a dar as respostas que o terapeuta espera ou em que acredita.
- Fazer muitas perguntas com "porquê".
- Entrar em confronto com o cliente, ao solicitar esclarecimentos sobre possíveis informações contraditórias.

4 OPERACIONALIZAR INFORMAÇÕES

Esta é uma habilidade introduzida pelos terapeutas comportamentais, uma vez que, no enfoque não diretivo a informação em si não é valorizada. É sugerida em todos os manuais comportamentais clássicos já amplamente citados. É também habilidade central nas pesquisas da área conforme Balleweg (1990), Callaghan (2006), Iwata et al. (1982), Mc Conaughy, S. H. (2005) e Miltenberger & Veltum (1988), entre outros.

Trata-se de ajudar o cliente a fazer, com suas palavras, descrições inequívocas do problema que está relatando. Após a operacionalização da informação, haverá a segurança de que, ao referirem-se ao evento descrito, ambos, cliente e terapeuta, estarão tratando do mesmo fato. Cabe ao terapeuta ir identificando, no decorrer da entrevista, se as informações fornecidas pelo cliente estão suficientemente operacionalizadas ou não. Comumente, é necessário intervir para tornar as informações mais "operacionais". Neste caso, pode-se utilizar vários recursos de entrevista, tais como: pedidos de esclarecimentos, exemplos e resumos.

São exemplos de queixas apresentadas por clientes que precisam de descrições operacionais: "A crise", "Casamento ruim", "Insônia"... Quem já entrevistou muitos clientes sabe que essas expressões ou termos podem referir-se a um conjunto de respostas ou eventos muito deferentes, dependendo de cada pessoa. Por exemplo, "casamento ruim" pode referir-se tanto a um relacionamento conjugal com muitas discussões ou brigas, quanto a um relacionamento no qual o casal praticamente não se fala e também não discute. No exemplo, verifica-se, após a operacionalização, que a mesma expressão geral pode descrever dois tipos completamente diferentes de relação conjugal. Operacionalizar implica, portanto, descrever o problema de forma objetiva e identificável para ambos: terapeuta e cliente. É bom lembrar que esta tarefa é mais fácil quando se descreve comportamentos públicos e torna-se mais difícil ao referir-se a comportamentos encobertos.

No trabalho de operacionalizar, deve-se estar atento para que as respostas de interesse sejam as do cliente e não as de outras pessoas. É comum afirmações do tipo: "meu problema é que meu marido bebe". Verifica-se neste exemplo que a cliente passa a descrever o comportamento do marido e não o dela mesma. É provável, neste caso, que a queixa da cliente seja seu próprio sofrimento ou outras dificuldades decorrentes do fato de seu marido beber demais. Este fato é importante, enquanto um evento ao qual a cliente responde com sofrimento, e isto é seu problema: seu sofrimento é que será alvo da terapia, pois é ela quem está em tratamento e não o seu marido. Em resumo, as queixas ou problemas psicológicos de um cliente só poderão ser claramente descritos se identificadas com precisão suas respostas, frente aos eventos. No exemplo acima, se a distinção não for feita, a entrevista poderá deter-se em pesquisar exaustivamente o comportamento do marido e não o da cliente.

Riscos a serem evitados:

- Fazer especificação insuficiente do problema. Contentar-se apenas com informações gerais sobre o assunto tal como os clientes, comumente, o fazem;
- As informações não suficientemente operacionalizadas, serem decodificadas pelo terapeuta de maneira completamente distorcida;
- Pressionar o cliente a fazer descrições muito difíceis, por exemplo, as referentes a sentimentos.

5 PARAFRASEAR

Alguns autores também denominam essa habilidade como reflexão da informação ou reflexão cognitiva. Trata-se da repetição pelo terapeuta de frases ditas pelo cliente. Por isso, Fairbairn et al. (1983) denominaram-na simplesmente de repetição.

A reprodução pode ser na íntegra ou com alterações mínimas, desde que o conteúdo seja precisamente o mesmo. As frases a serem escolhidas são aquelas que, por algum motivo, mereçam ser acentuadas. Em geral, a repetição é feita de forma lenta e pode ser seguida de momentos de silêncio, os quais induzem o cliente a pensar sobre o assunto. Devem ser frases de conteúdo predominantemente cognitivo. Parafrasear é afirmar, não é perguntar. Embora bastante conhecida, não é técnica para ser utilizada muito seguidamente com o mesmo cliente para não se correr o risco de parecer-se com os "papagaios". Só para citar alguns, entre os autores que a utilizam estão Lonborg et al. (1991), Miltenberger & Veltum (1988) e Pollock et al. (1985).

Riscos a serem evitados:

- Em vez de parafrasear, fazer mais perguntas;
- Parafrasear com frequência exagerada, o que poderia ser tedioso ou até irritante.

6 REFLETIR SENTIMENTOS

Nesse procedimento, o terapeuta faz uma descrição dos sentimentos do cliente. Geralmente, descrevem-se os sentimentos predominantes no momento da entrevista, podendo-se incluir, também, aqueles sentimentos que ocorreram no passado e que estavam relacionados aos fatos por ele relatados no momento. Pode-se incluir sentimentos que ele gostaria de dizer ou ter. Essa estratégia facilita ao cliente a identificação de seus sentimentos e pode levá-lo a sentir-se mais aceito e compreendido pelo terapeuta.

A reflexão de sentimentos pode ser confundida com o parafraseado, pois nela pode-se, inclusive, utilizar a repetição de frases do cliente. A diferença é que, nesta, o conteúdo é predominantemente afetivo; e, naquela, o conteúdo é predominantemente cognitivo. A escolha ou ênfase numa das duas últimas técnicas deveria levar em conta, entre outras coisas, a disponibilidade ou facilidade do cliente em expor-se ao nível cognitivo ou afetivo.

Esta técnica foi amplamente utilizada nos estudos desenvolvidos por Bacorn et al. (1987), Lonborg et al. (1991), Maguire (1990), Miltenberger & Fuqua (1985) e Thiel et al. (1991). Juntamente com a atitude empática, a reflexão de sentimentos está entre as maiores representantes da influência não diretiva sobre o enfoque comportamental.

Riscos a serem evitados:

- Em vez de refletir os sentimentos, deter-se no evento gerador do mesmo;
- Não identificar corretamente os sentimentos do cliente e atribuir-lhe sentimentos que não são os seus. Neste caso, nem é preciso dizer quais os prováveis resultados.

7 SUMARIAR OU RESUMIR

Bellack & Hersen (1988) e Thiel et al. (1991) afirmam que sumariar consiste em apresentar ao cliente uma síntese das principais informações, até então fornecidas por ele. Esta síntese deveria vir sempre acompanhada de alguma solicitação de "reformulação" ou "confirmação" de seu conteúdo. Ou seja, resume-se e solicita-se confirmação ou correção imediata pelo cliente. O pedido de correção pode ser explícito ou até implícito no tom de voz, o qual não deveria ser autoritário. Desse modo, ao sumariar o terapeuta pode verificar possíveis erros em seu entendimento daquilo que o cliente relatou até aquele momento. Este é um cuidado importante, pois, sabe-se que a comunicação oral é altamente sujeita a equívocos. Além disso, enquanto o terapeuta resume, o cliente tem a oportunidade de rever sua própria fala e, ainda, lembrar-se de outras informações. Dessa forma, resumir também é uma estratégia que estimula o cliente a falar mais.

Sumariar pode ser uma estratégia utilizada sempre que, durante a entrevista, houver algum volume de informação ou indícios de que o terapeuta possa estar se equivocando. Assim, podem-se fazer, várias vezes, resumos de partes da entrevista. Sumariar é também indicado na literatura, de forma quase unânime, como um recurso indispensável a ser utilizado no final da entrevista.

Mucchielli descreveu esta mesma habilidade, atribuindo-lhe outro nome, como se pode constatar no seguinte trecho:

> "... chama-se "reformulação" uma intervenção do entrevistador que consiste em tornar a dizer com outros termos e de modo mais conciso ou explícito o que o cliente acaba de expressar e isto de tal forma que obtenha a concordância do sujeito" (1978, p. 58).

Contudo, Auger (1981) afirma que reformular no enfoque não diretivo é diferente de resumir, por incluir apenas conteúdos emocionais. Note-se que este é apenas um exemplo de diferenças conceituais, às quais é preciso estar alerta, quando se importa termos, conceitos ou práticas de outras abordagens teóricas. Este é o caso da Terapia Comportamental em relação ao enfoque não diretivo, no que se refere às habilidades de entrevistar.

Risco a ser evitado:

- Fazer o resumo de forma autoritária, sem dar oportunidade ao cliente de corrigir eventuais equívocos. O resultado seria a perda de confiança, por parte do cliente, e a possibilidade do terapeuta registrar informações equivocadas.

8 CONTROLAR A ENTREVISTA

Como os terapeutas vêm adotando diversas estratégias não diretivas de entrevistar, correm o risco de perder o controle da mesma, principalmente se iniciantes. Contudo, ambas as possibilidades não são incompatíveis. Neste sentido, Garret (1974) observa que, em qualquer circunstância, a direção da entrevista cabe ao terapeuta e Miltenberger & Fuqua (1988) incluem em seu programa de ensino a avaliação dessa habilidade. Isto implica terapeuta e cliente manterem cada um o seu papel. Cabe ao terapeuta conduzir a entrevista para seus objetivos, tomando iniciativas e decisões e, sempre que necessário, mudando os rumos da mesma. Entende-se que é possível o terapeuta controlar a entrevista e, ao mesmo tempo, utilizar-se das diversas estratégias não diretivas anteriormente sugeridas.

Riscos a serem evitados:

- Direção insuficiente - o terapeuta pode apresentar-se tão inseguro e passivo que o cliente acaba dominando a entrevista. Neste caso, os resultados são duvidosos e o cliente tenderá a sair insatisfeito;
- A entrevista tornar-se uma conversa informal.

9 MANTER SEQUÊNCIA

Considerando-se que a entrevista é uma interação verbal e deve estar sob o controle do terapeuta, haverá maior aproveitamento se este conseguir uma sequência adequada.

Sequência refere-se, basicamente, à continuidade, à coerência e ao entrosamento entre a fala e demais comportamentos do cliente e do terapeuta, ou seja, refere-se à manutenção da qualidade e do fluxo da interação entre ambos. Para mantê-la, o terapeuta precisa estar atento e responder aos comportamentos atuais do cliente, inclusive aos não verbais.

A entrevista é diferente do questionário, no qual é seguida uma lista de perguntas, com um nível mínimo de interação entre entrevistador e entrevistado. Ou seja, na entrevista, ainda que haja um roteiro prévio, pesquisam-se os dados "conversando" com o cliente e respeitando-se seus interesses, bem como sua forma de falar (CALLAGHAN, 2006).

O terapeuta, em geral, dá continuidade à entrevista, a partir do que o cliente verbaliza e de sua expressão geral. Mas, além disso, os comportamentos do terapeuta também deveriam eliciar determinadas respostas do cliente. Talvez por isso, Thiel et al. (1991) incluíram em seu programa de ensino com alunos de graduação, o que eles denominaram treino em "reciprocidade".

A manutenção da sequência ou continuidade na entrevista pode ser acompanhada de intervenções e redirecionamentos por parte do terapeuta, sendo que há várias formas adequadas de se fazer isto. Entre os recursos sugeridos na literatura, encontram-se a "utilização de transições" e *timing* (GOLDFRIED & DAVISON, 1976); (MILTENBERGER & VELTUM, 1988) e Lonborg et al. (1991). Transição refere-se ao uso de frases ou perguntas adequadas para mudar de assunto, e *timing* ao momento certo de fazê-lo. Portanto, há dois aspectos a serem relevados na sequência: ela pode significar tanto a pertinência de questões ou falas introduzidas pelo terapeuta em continuidade à fala do cliente, como a intervenção do terapeuta para redirecionar o cliente a assuntos relevantes aos objetivos da entrevista.

- Riscos a serem evitados:
- Estar dispersivo e desatento;
- Prestar atenção apenas em si mesmo ou apenas no cliente;
- Reforçar falas do cliente de forma indiscriminada ou não contingente. Isto em vez de melhorar, empobrece a interação.

10 RECOMENDAÇÕES GERAIS AOS INICIANTES

Ao final de cada uma das seções anteriores, incluímos, junto à descrição das habilidades, alguns riscos a serem evitados. Além daqueles, achamos pertinente alertar os alunos para outras falhas ou dificuldades mais comuns, principalmente entre os iniciantes. Essas dificuldades estão aqui pontuadas não como uma crítica aos alunos inexperientes, mas apenas com o intuito de torná-los mais atentos e, assim, poderem superá-las mais rapidamente. É isto que temos observado em nossas experiências com programas de ensino.

Outras falhas comuns:

- Escrever tudo o que o cliente fala. Enquanto se escrevem grandes trechos, a interação é interrompida, e o cliente desestimulado de continuar falando;
- Inferir com poucos dados: pressupor fatos e não os verificar; fazer interpretações sem estarem baseadas no que o cliente disse; fazer poucas investigações antes de concluir;
- Dar conselhos precipitados. É difícil para um iniciante aconselhar o cliente, especialmente quando se tratar da primeira entrevista. Por isso, neste caso, o mais indicado é sugerir ao cliente que o conselho fique para mais tarde, quando deverá ter mais informações sobre o mesmo. Isto não significa que o terapeuta iniciante não possa aconselhar, mas que só deveria fazê-lo, se bem informado e seguro sobre o assunto, o que, aliás, vale também para os experientes;
- Atrasar-se para a entrevista;
- Apresentar-se de mau humor ou permitir que problemas pessoais concorrentes interfiram na entrevista;

- Decorar e, então, utilizar-se de uma única estratégia de entrevistar;
- Não identificar se o cliente "lida" melhor com conteúdos cognitivos ou afetivos e, por exemplo, utilizar de maneira inapropriada o parafraseado, ou a reflexão de sentimentos;
- Não identificar a natureza do problema envolvido na queixa, ou o "verdadeiro" motivo que levou o cliente a procurar tratamento. Pode ocorrer de o aluno fazer uma detalhada especificação da queixa, mas estar equivocado e explorar um problema não pertinente ou essencial para o cliente. A utilização de resumos evitaria isto;
- Dificuldade em falar com o cliente sobre certos assuntos íntimos ou particulares, tais como: os financeiros, religiosos, sexuais...

Considerações finais

Além das habilidades acima descritas, encontram-se muitas outras na literatura da área, principalmente na área de comunicação e de relações interpessoais. Essa área teve uma grande produção de publicações na década de setenta, sendo que algumas se tornaram clássicas como é o caso de *Interpessoal living,* de Egan (1976). Nessas obras são descritos exercícios para treinar habilidades, tais como: expressão de sentimentos e emoções, confrontação, concretude na comunicação, imediaticidade, facilitação, autoexposição, autorevelação, audição ativa, etc.. Outros autores sugerem, ainda, interpretação, uso do silêncio e reforçamento diferencial. De fato, não pretendemos com as descrições e citações acima, cobrir todas as habilidades que poderiam ser relevantes em um programa de ensino de entrevista clínica. Foram incluídas apenas as mais citadas e as mais tradicionais.

Verifica-se que, entre as habilidades acima apresentadas, algumas envolvem classes de respostas inevitáveis do entrevistador, enquanto outras podem ser optativas. Seriam inevitáveis os sentimentos em relação ao cliente, as respostas não verbais, as intervenções verbais e perguntas, a interação, etc., ou seja, essas classes de respostas sempre estarão presentes. Portanto, os programas de ensino visam torná-las mais adequadas e não introduzi-las. Já o parafrasear, sumariar e refletir sentimentos são exemplos de classes de respostas optativas. Isto quer dizer que podem ou não ser apresentadas pelo terapeuta, sendo que a ausência de qualquer uma delas não, necessariamente, prejudicaria a qualidade da entrevista.

Pode-se verificar, ainda, que a maioria das habilidades apresentadas refere-se ao processo de entrevistar, pois, estas são as mais frequentes na literatura. Contudo, os autores comportamentais, em geral, entendem que as habilidades de processo, embora facilitadoras, não são suficientes para as entrevistas de avaliação – assesment– comportamental. Entre eles estão Balleweg (1990), Callaghan (2006); Mc Conaughy (2005, 2013), Miltenberger & Vetum (1988) e Rimm & Masters (1983). O primeiro autor alerta para o fato de que a avaliação inadequada tem sido o maior fator de fracasso em Psicoterapia. Em vista disso, em suas práticas, a ênfase está nas habilidades específicas de coleta de dados, tais como: sumariar, operacionalizar e especificar informações, formas de perguntar, e, principalmente, na definição "do que" perguntar. Sendo assim, esses autores incluem, como habilidades para treinamento, formas apropriadas de formular perguntas para se obterem os dados pertinentes à análise comportamental (aqueles que estão listados no próximo capítulo).

Finalmente, em se tratando de habilidades para a prática clínica, muitos autores insistem na necessidade de "auto-conhecimento" por parte dos estudantes, a fim de detectarem e lidarem de forma apropriada com seus próprios pensamentos e sentimentos durante a entrevista. Banaco (1993), ao referir-se ao impacto das primeiras entrevistas, sobre o aluno, descreve várias contingências nela presentes, demonstrando que as mesmas tendem a eliciar altos graus de ansiedade. Tais respostas emocionais intensas poderiam estar diretamente sob o controle, tanto da situação atual quanto da história anterior de reforçamento do aluno. Kohlenberg (1991) e Tsai et al. (2009) vão muito mais além. Ao apresentarem o modelo FAP de terapia, defendem que o terapeuta deva ser uma pessoa com formação que o torne capaz de ser genuinamente afetuoso com seu cliente. Não basta, segundo eles, aprender técnicas de como relacionar-se com o cliente. Terapeutas precisam aprender primeiro a "amar" as pessoas em geral, para depois serem genuínos e acolhedores com seus clientes. Para tanto, os estágios devem incluir, necessariamente, situação natural (e não apenas simulada), como única forma do aluno experimentar e aprender relações genuínas com a prática da entrevista clínica.

3

ENTREVISTA CLÍNICA INICIAL
objetivos, modelo e lista de informações a serem obtidas

Nossa experiência com ensino de entrevista clínica demonstrou-nos que uma das maiores dificuldades do aluno tem sido com a entrevista inicial; ou seja, o primeiro contato com o cliente, quando não se tem qualquer informação prévia sobre sua queixa. Isto não ocorre nas entrevistas diagnósticas posteriores, para as quais a literatura oferece uma série de roteiros, inventários e outros instrumentos para auxiliar o entrevistador na avaliação de problemas específicos. São exemplos destes instrumentos os inventários de problemas conjugais, sexuais, de medo, de depressão...

A primeira entrevista é crucial na formação de primeiras impressões pelo cliente (LAZARUS, 1979). Estas impressões referem-se não apenas ao psicólogo, mas abrangem, também, a psicoterapia em geral e a instituição na qual se realiza o atendimento. Dada sua importância e especificidades, vários autores, entre eles Lazarus (1979), Balau (1980), Mayer & Turkat (1988) e Zaro et al. (1980), fazem uma distinção entre a entrevista clínica inicial e as demais.

O cliente que procura atendimento pela primeira vez, geralmente o faz em duas situações típicas, as quais definem dois tipos de entrevista clínica inicial: a entrevista de triagem e a que se poderia denominar terapêutica. Embora as clínicas-escola façam amplo uso da entrevista de triagem, a literatura quase não trata especificamente desse tipo de entrevista, sendo uma exceção Marks (1986).

A entrevista é considerada de triagem, quando visa fazer um diagnóstico rápido, mas suficiente, para que o cliente seja encaminhado ao tratamento adequado. Define-se nesta entrevista se a instituição procurada pode atender o cliente, ou se deve encaminhá-lo para outros serviços. Neste sentido, todas as entrevistas iniciais fazem triagem de alguma forma. No entanto, costuma-se denominar entrevistas de triagem psicológica àquelas feitas em instituições que oferecem o serviço de triagem em separado do de psicoterapia ou de outras intervenções. Esses serviços são comuns nas instituições públicas nas quais, geralmente, a demanda é maior que a capacidade de atendimento ocorrendo, então, as listas de espera. Nesses casos, é importante que se determine, ainda na entrevista de triagem, a urgência do tratamento. Além disso, é importante que as instituições tenham mecanismos para que os casos urgentes sejam atendidos de imediato. As listas de espera ocorrem quando o psicólogo que faz as triagens não tem, por diversos motivos, condições de atender todos os clientes triados. Desse modo, o tratamento posterior, em geral, é feito por outro psicoterapeuta.

No outro tipo de entrevista clínica inicial, aqui denominada terapêutica, o cliente é entrevistado por um profissional, o qual dará imediata continuidade ao tratamento. Isto geralmente ocorre nas clínicas particulares, onde não há grandes listas de espera e o cliente costuma procurar nominalmente o terapeuta. Nestes locais, geralmente, nem há serviços de triagem.

eventualmente, após uma primeira entrevista o cliente pode, também, ser encaminhado para outros tratamentos.

Embora ambas as entrevistas iniciais tenham algumas diferenças, decorrentes das condições descritas acima, neste texto não se fará diferenciação técnica entre elas, por considerar-se que as mesmas diferem apenas quanto a detalhes e, não, em conteúdo e objetivos. Parece importante os psicólogos tratarem com os mesmos cuidados todos os clientes que se submetem a uma entrevista, pela primeira vez. Entendemos que a entrevista inicial de triagem é tão importante quanto a inicial terapêutica para se obterem dados relevantes, para informar adequadamente o cliente e para estabelecer uma interação de qualidade, a qual não se limita necessariamente entre cliente e terapeuta, mas, entre cliente e instituição. Marks (1986) enfatiza que, na triagem, o terapeuta precisa estar completamente informado sobre o funcionamento da instituição na qual está atendendo e que, ao final, precisa informar ao paciente qual a sua decisão sobre o tratamento. Em nossa opinião, essas condições devem ser preenchidas em qualquer primeira entrevista mesmo que não se trate de situação de triagem, uma vez que toda primeira entrevista envolve uma importante tomada de decisão.

Um esclarecimento: daqui em diante, quando formos nos referir à entrevista clínica inicial, eventualmente, o faremos em sua forma abreviada: E. C. I..

1 ENTREVISTA CLÍNICA INICIAL: OBJETIVOS

No decorrer de um processo terapêutico, o psicólogo geralmente utiliza-se da entrevista para alcançar três objetivos: interacionais, de coleta de dados, e de intervenção. Esses objetivos também são pertinentes à E. C. I.

Objetivos interacionais – durante a entrevista é importante que se desenvolva uma relação de confiança mútua entre as partes, a qual possibilite ao cliente:

- sentir-se confortável e acolhido na situação;
- não sentir constrangimentos em se expor ao terapeuta;
- sentir-se motivado para continuar o tratamento.

Esta relação de confiança já deve ocorrer na entrevista inicial, inclusive na de triagem psicológica.

Objetivos de coleta de dados – a entrevista clínica pode ser estruturada de forma a maximizar a obtenção de informações, sem que isso prejudique seus aspectos interacionais. Contudo, num processo terapêutico, a ênfase em coleta de dados pode variar em diferentes momentos do tratamento. Por motivos óbvios, geralmente, a ênfase maior está nas primeiras sessões nas quais se procura a formulação de um diagnóstico preliminar.

Na entrevista clínica inicial é necessária a obtenção de dados, desde que isto não ocorra em prejuízo da interação. Os dados devem ser, principalmente, os pessoais e aqueles que indiquem e especifiquem o motivo da procura do tratamento, ou da queixa. Estes dados preliminares são gerais, podendo ser mais detalhados, dependendo da disponibilidade do cliente e da habilidade do terapeuta. Num programa de ensino, entende-se que um maior detalhamento, desde que pertinente, só beneficiará tanto o aprendizado do aluno quanto o atendimento ao cliente.

Objetivos de intervenção – considera-se que, em qualquer entrevista clínica, possa ocorrer a intervenção, ou seja, modificações no comportamento do cliente em função de procedimentos adotados na entrevista. Contudo, geralmente, é difícil que a ênfase da primeira sessão possa ser em intervenção de forma sistemática, uma vez que isto pressupõe o estabelecimento de uma interação de qualidade entre cliente e terapeuta, e que este último tenha posse de dados consistentes sobre o primeiro, o que é muito difícil na primeira entrevista. Dessa forma, considera-se que, eventualmente, a intervenção possa ocorrer em uma entrevista inicial, porém sem que se constitua em seu objetivo principal.

Resumindo: Nosso entendimento é que em programas de ensino da E.C.I. o mais importante é o aluno estabelecer com o cliente uma interação adequada, acompanhada de coleta de dados, a qual deverá ser tão ampla e detalhada quanto possível; mas sem a preocupação imediata com a intervenção.

2 ENTREVISTA CLÍNICA INICIAL: UM MODELO

Em linhas gerais, parece haver quase um consenso entre os autores sobre a necessidade de se estruturar a entrevista e em como fazê-lo. Esta constatação já havia sido feita por Balau (1980) e continua sendo defendida na literatura mais recente (MC CONAUGHY 2005; 2013). Seguem-se algumas sugestões de como estruturar a entrevista clínica, principalmente a inicial.

Haynes (1978) propõe que, até um levantamento de todas as possíveis áreas problema, a entrevista seja aberta. O mesmo deve ocorrer sempre que se introduzir um assunto novo. Somente depois, especificam-se cada área problema identificada. Zaro et al. (1980), em proposta semelhante, sugerem que todas as áreas sejam examinadas do geral para o particular e que, ao encerrar a entrevista, fique claro para o cliente qual será o próximo passo. Lembra ainda que, de início, pode ser necessário usar alguma técnica para baixar a ansiedade do cliente.

Após ampla análise da atividade de entrevistar, Balau (1980) adotou uma estrutura na qual dividiu a entrevista inicial em quatro etapas: – "etapa inicial", incluindo o primeiro contato com o cliente, troca de informações gerais e levantamento de dados pessoais e familiares; "queixa livre", utilizando-se de técnicas para facilitar a expressão do cliente e a identificação do problema; "queixa dirigida" para complementar e esclarecer os dados da etapa anterior; e "encerramento", quando se prepara a interrupção da entrevista e se definem os próximos passos da continuidade do atendimento.

Para Keefe et al. (1980), deve-se iniciar procurando informações gerais, quando o cliente descreve o problema conforme seu estilo e, posteriormente, os dados precisam ser melhor descritos ou, em outros termos, operacionalizados.

A entrevista deve ser estruturada e ocorrer num *continuum*: inicia-se com um mínimo de estrutura e questões abertas para identificar o problema; depois de estabelecida a natureza da dificuldade, aumenta-se a estrutura com questões que indiquem as variáveis controladoras (OLLENDICK & HERSEN, 1984).

Ao atuar em treino de entrevista com estudantes de Medicina, Wells et al. (1985) sugerem uma estrutura semelhante às anteriores. Para eles, de início, as questões devem ser abertas, acompanhadas de técnicas de facilitação da expressão do cliente e audição ativa. Mais tarde, as questões devem ser específicas para esclarecer o problema e complementar as informações anteriores. Enquanto isso, deve ser estabelecida uma boa interação através de demonstrações de interesse, de entendimento empático, de preocupação e de acompanhamento das associações entre eventos relatadas pelo cliente.

Marks (1986) lembra que, na introdução, devem ser dadas informações e explicações ao cliente quanto ao tratamento e ao funcionamento da instituição na qual está ocorrendo o atendimento. Ao encerrar a entrevista, o cliente deve ser informado das decisões do terapeuta.

Finalmente, há as sugestões de Bellack & Hersen (1988), para que, de início, o entrevistador apenas ouça e estimule o cliente a falar, com estratégias tais como: o parafraseado e a reflexão de sentimentos; e, só depois, façam-se questionamentos e especificações. Eles ainda sugerem que, no encerramento, sejam incluídos um resumo dos resultados da entrevista, informações adicionais e a probabilidade de sucesso do tratamento. Callaghan (2006) e Mc Conaughy (2005; 2013), subscrevem a maioria das sugestões acima.

Da consulta a esses e vários outros autores e da nossa própria experiência, foi construída uma sugestão de como poderia ser a estrutura básica da E. C. I.. No modelo aqui sugerido, a entrevista é dividida em três etapas: Introdução; Desenvolvimento; e Encerramento. Naturalmente, antes de iniciar a entrevista, o aluno iniciante deve estar atento para algumas providências prévias a serem tomadas.

2.1 Providências prévias

Antes de iniciar uma entrevista, o aluno terapeuta precisa tomar providências que permitam a realização da entrevista em condições apropriadas para alcançar seus objetivos. Para tanto, são sugeridas algumas medidas essenciais:

a) Entrosamento com a instituição responsável pelo atendimento, informando-se sobre suas normas de funcionamento e serviços oferecidos;

b) Providenciar ou preparar um ambiente físico adequado, com isolamento acústico, sem interrupções de terceiros, sem barulhos...;

c) Material - providenciar, se necessário, mesa, cadeira, papel, lápis, gravador...;

d) Prever horário para começar e terminar a entrevista;

f) Outras providências pertinentes.

2.2 Introdução

O aluno cumprimenta o cliente e acompanha-o à sala de entrevista onde se apresenta, dizendo seu nome e função. Verifica se o cliente quer alguma informação geral sobre o tratamento. Se o cliente estiver ansioso, utiliza algum procedimento para diminuir tal ansiedade. Ainda na introdução, é conferida a ficha de dados pessoais, geralmente, já providenciada por uma recepcionista. Posteriormente, outros dados pessoais e biográficos poderão ser acrescentados às informações dessa ficha. Alguns autores dizem que se deve estabelecer o *rapport* neste início; nós entendemos que a qualidade da interação deva ser um objetivo da entrevista que deve se estender até o seu final.

2.3 Desenvolvimento

Esta é a parte principal e mais extensa da entrevista, quando deve ser conhecido o problema ou problemas do cliente, através de informações que permitam uma análise geral e preliminar dos mesmos.

Nesta etapa, a entrevista deve ter uma sequência na qual os assuntos sejam tratados, partindo-se do "geral para o particular". A participação do terapeuta deve iniciar-se de forma não diretiva, ou seja, as perguntas iniciais devem ser bem abertas e, só posteriormente, mais fechadas. Observa-se que, nesta sequência, vai se desenvolvendo, no decorrer da entrevista, um "afunilamento" quanto à especificação da informação obtida.

De início, cabe ao terapeuta demonstrar interesse e atenção pela fala do cliente e procurar estimulá-lo a falar bastante sobre seus problemas. Procura-se dar liberdade ao cliente, para ele colocar espontaneamente suas queixas. Não se deve induzir o cliente a qualquer resposta, nem lhe pedir detalhes. Evita-se, apenas, que o cliente se desvie do motivo pelo qual procurou tratamento.

Num segundo momento, quando o cliente já expôs amplamente seu problema, o terapeuta usará de estratégias mais diretivas para obter dados mais específicos e precisos. Introduzem-se questões mais fechadas, pedidos de esclarecimentos, pedidos de complementação, exemplos... Assim, um assunto que, no início da entrevista, foi colocado pelo cliente de forma muito geral, ao final da mesma poderá já estar bastante detalhado. É importante que o conteúdo a ser especificado refira-se ao problema anteriormente abordado pelo cliente de forma espontânea.

Seria adequado, ainda, que esta forma de afunilamento na especificidade da informação e na diretividade da entrevista fosse adotada, não apenas na sequência geral da entrevista, mas também na abordagem de diferentes assuntos, em uma mesma entrevista. Assim, para cada novo assunto ou problema, o terapeuta deixa que o cliente o exponha de sua maneira, mesmo que seja vaga ou geral e, só posteriormente, solicita-lhe detalhes.

Concluindo, ao entrevistar, tanto a sequência geral como cada um dos assuntos devem ser conduzidos do geral para o particular. Dessa forma, em diferentes momentos, a entrevista poderá ser mais ou menos diretiva. Note-se que esse modelo torna infrutífera a antiga discussão sobre a adequabilidade das entrevistas diretivas e não diretivas.

A forma proposta acima de estruturar o corpo da entrevista é bastante adequada para desenvolver um clima de confiança entre terapeuta e cliente, bem como para garantir que as informações obtidas sejam válidas, uma vez que evita a indução inapropriada de respostas pelo terapeuta.

A fase de desenvolvimento da entrevista deve ser concluída em função do término do horário e/ou de um volume suficiente de informações. Na conclusão dessa fase, é muito útil a elaboração, pelo terapeuta, de um resumo das informações obtidas até aquele momento.

2.4 Encerramento

Pode-se encerrar a E. C. I. por meio dos seguintes passos:
- Dar pistas ao cliente de que o tempo está terminando;
- Evitar a introdução de assuntos novos e/ou que gerem perturbação emocional;
- Verificar se o cliente não está com dúvidas importantes;
- Deixar muito claro ao cliente qual será seu encaminhamento – se vai aguardar sua chamada em uma lista de espera, se já ficará marcada outra entrevista, ou se deverá ter outro encaminhamento.

Finalmente, é bom insistir em observar que esta estruturação da entrevista – introdução, desenvolvimento e conclusão – nem sempre deve, ou pode ser seguida. Trata-se de modelo útil para aqueles clientes que seguem o ritmo do terapeuta. Em muitos casos, a sequência pode ser outra, por exemplo, com aqueles clientes que, logo de início, começam a falar de seus problemas. Nestes casos, o terapeuta acompanha-os (escuta-os) e poderá completar a ficha de dados pessoais no meio ou no final da entrevista. Outro exemplo pode ser visto com certos clientes que respondem pouco a questões muito abertas e respondem melhor a questões mais fechadas. Com este tipo de cliente pode ser necessário ser mais diretivo desde o início da entrevista. Enfim, a estruturação da entrevista constitui apenas um ponto de referência ou um conjunto de orientações, as quais o terapeuta pode ir adaptando à condução de cada entrevista em particular.

3 LISTA DE INFORMAÇÕES A SEREM OBTIDAS

Na primeira entrevista clínica, seja ela para avaliação terapêutica ou apenas de triagem devem ser levantadas aquelas informações necessárias para as decisões que precisam ser tomadas ao final da entrevista. Isto porque é preciso fazer um encaminhamento do cliente. Desse modo, o mínimo que se espera da E. C. I. é que forneça informações suficientes para que o terapeuta possa decidir se o cliente deve ou não ser encaminhado para iniciar terapia.

Nos capítulos anteriores foi demonstrado que os autores comportamentais, em geral, sugerem a utilização, na entrevista comportamental, das habilidades básicas de entrevistar definidas por outros referenciais teóricos da Psicologia tradicional. Isto porque, segundo eles, a especificidade dessa entrevista está no tipo de dados que se procura e não nas estratégias (habilidades) de condução da entrevista. Portanto, é principalmente com base em seus dados que se define a entrevista comportamental, dados estes necessários para uma "análise funcional do comportamento". Mais informações sobre os dados relevantes para análise funcional que podem ser levantados na entrevista clínica podem ser encontradas em Callaghan (2006) e Leonard et al. (2012). Cabe enfatizar, portanto, que na entrevista comportamental procura-se não somente abandonar certos dados tradicionalmente pesquisados, mas, principalmente, levantar outros normalmente não incluídos nas avaliações tradicionais. Quanto a isso, Haynes (1978) já chamava a atenção para o fato de, na entrevista comportamental, a ênfase dever estar em áreas de conteúdos bastante específicos.

Considerando-se que este capítulo procura enfatizar a E. C. I., vejamos quais dados ela deveria fornecer, conforme importantes autores clássicos da área. Balau (1980), Bellack & Hersen (1988), Goldfried & Davison (1976), Keefe et al. (1980), Marks (1986), Mayer & Turkat (1988), Ollendick & Hersen (1984), Rimm & Masters (1983), Mc Conaughy (2005; 2013) entre outros, são quase unânimes em sugerir que se levantem: alguns dados pessoais e familiares, identifiquem-se as queixas ou problemas que motivaram a procura do tratamento e levantem-se dados sobre as possíveis variáveis controladoras dos problemas. Além desses, há alguma variação entre os autores quanto aos demais dados sugeridos para a primeira entrevista, todavia sempre dentro daqueles mais comuns na avaliação comportamental ou funcional.

Depois de vários anos trabalhando no ensino e treinamento de alunos em entrevista clínica inicial, verificamos que não é possível o aluno desenvolver um levantamento adequado de informações para a triagem ou para qualquer outra entrevista inicial, se não estiver preparado para identificar, no geral, quais os dados mais pertinentes para a avaliação comportamental. Nossa posição sobre isso é que para o aluno fazer uma entrevista inicial adequada, precisa estar preparado para fazer uma avaliação comportamental "completa", sendo especialmente capaz de levantar dados para avaliação comportamental/ funcional tal como defendida por autores como Callaghan (2006); Follete et al. (2000); Kanter et al. (2009); Leonard et al. (2012); Mayer et al. (2010) e Mc Conaughy (2005; 2013). Por isso, neste tópico serão incluídos os principais dados necessários para uma ampla avaliação comportamental, são dados passíveis de serem obtidos com entrevistas, os quais, sendo do conhecimento do terapeuta, podem facilitar e agilizar a E. C. I., tornando-a rica fonte de informação.

Observações importantes:

a) Os itens enumerados abaixo especificam as diferentes informações que podem ser obtidas na E. C. I., bem como em entrevistas de avaliação posteriores. São informações necessárias e relevantes para se fazer análise funcional da queixa ou dos problemas clínicos. Essa lista de itens "não constitui um questionário" "nem um roteiro de entrevista", portanto, esses dados não precisam ser investigados nesta ordem. Esta observação é pertinente porque lamentavelmente temos observado que alguns dos nossos leitores têm utilizado a lista de itens abaixo como se fosse um questionário ou um roteiro de entrevista. Tudo que apresentamos até aqui sobre as estratégias de entrevistar (cap. 2) e acima com o modelo de condução da E. C. I. foi, justamente, para demonstrar que a entrevista clínica implica uma interação única com cada cliente e que não seria produtiva se fosse reduzida a um simples questionário.

b) A maioria dos itens vem acompanhada de uma explicação. Quando há explicação, o item aparece antes, em itálico, seguido de dois pontos. O que aparece após os dois pontos são explicações ou exemplos daquele item.

c) Conforme já pontuado, essa ampla lista de itens abaixo inclui as informações mais pertinentes para a análise funcional do comportamento problema. Com isso, devido à sua amplitude, não necessariamente poderá ser obtida em uma única entrevista. Mas, incluímos todos esses itens porque gostaríamos de enfatizar que nossa recomendação é para que, ao fazer uma entrevista inicial, o aluno deva estar minimamente preparado para uma avaliação comportamental mais completa, tal como a exigida em um procedimento diagnóstico e terapêutico, na direção sugerida por Mayer et al. (2010).

Principais itens gerais

1 – *Dados pessoais do cliente*: nome, idade, sexo, escolaridade, profissão, ocupação, estado civil, situação conjugal;

2 – *Dados do núcleo familiar*: pai, mãe, irmãos, e outros agregados – incluir sexo, idade, e ocupação de cada um;

3 – *Aparência geral do cliente durante a entrevista*: dados não verbais – destacar, por exemplo, o seu nível de desconforto na situação e se manteve contato visual;

4 – *Como o cliente chegou ao tratamento*: quem lho indicou e por que o fez;

5 – *Informações biográficas relevantes enquanto contexto no qual as queixas se desenvolveram*: acrescentar aos dados pessoais, e aos dados do núcleo familiar, outros dados de experiências particulares da história do cliente, tais como: ter residido com outra família por algum período, profissões anteriores, casamentos anteriores. O que se procura aqui não é uma história da queixa, mas da pessoa (do cliente).

6 – *Comportamentos-problema que motivaram a procura do tratamento*: identificar o motivo preciso da busca de tratamento, ou seja, a queixa;

7 – *Descrever operacionalmente a(s) queixa(s)*: especificar e detalhar cada problema do cliente, de maneira que fiquem claros para ambos: entrevistador e entrevistado. O que se pede aqui é uma descrição breve do problema na forma como o mesmo se apresenta atualmente, não incluindo seu histórico;

8 – *Hierarquização das queixas*: no caso do cliente apresentar vários problemas, ele, com auxílio do terapeuta, deverá ordená-los por ordem de importância e/ou de urgência;

9 – *Especificação dos comportamentos problema*: implica levantar, conforme for possível, todos os subitens abaixo para cada problema de interesse. A especificação só é possível, abordando-se cada problema em separado, ou seja, aplicam-se os subitens abaixo ao problema A, depois ao problema B, e assim sucessivamente... Obviamente que o processo de entrevistar não precisa ocorrer nessa ordem rigorosa;

    9.1 – *Dimensões do comportamento problema*: frequência, intensidade e duração. Levantam-se informações de uma ou mais dimensões, desde que sejam pertinentes à queixa investigada. Uma observação: por tratarmos aqui, prioritariamente, de entrevista inicial, o termo "problema" refere-se à queixa do cliente, e não a outros possíveis problemas formulados pelo terapeuta;

    9.2 – *Eventos relacionados à ocorrência do problema, ou seja, circunstâncias nas quais o problema ocorre;*

    9.3 – *Circunstâncias nas quais o problema não ocorre;*

    9.4 – *Dados históricos do problema*: como e quando se iniciou e como se desenvolveu até apresentar-se na forma atual. Não confundir esses dados com os biográficos, referentes à história do cliente. Neste item, pedem-se dados específicos do problema em questão;

    9.5 – *Um exemplo de ocorrência do problema*: pedir para o cliente descrever ao menos um exemplo típico de ocorrência do comportamento problema;

    9.6 – *O que ocorre imediatamente antes e imediatamente depois da ocorrência do problema*: importam aqui apenas aquelas ocorrências de eventos relevantes, que possam manter relações funcionais com o comportamento problema. Tais relações poderão constituir hipóteses a serem verificadas posteriormente;

9.7 - *Consequências gerais do problema e consequências, quando o comportamento-problema não ocorre;*

9.8 – *Pensamentos, crenças, e sentimentos do cliente, durante e depois da ocorrência do problema*: como no item 9.6, investigar apenas aqueles relevantes para a formulação de hipóteses funcionais;

9.9 – *O que outras pessoas dizem sobre o problema*

10 – *Objetivos ou metas do cliente para a terapia;*

11 – *Aspectos positivos e negativos do cliente em relação às possibilidades de tratamento*: levantar quais características pessoais mais marcantes do cliente poderiam vir a auxiliar ou dificultar sua resposta ao tratamento. Por exemplo, habilidade de auto observação poderia auxiliar, já um fanatismo religioso poderia dificultar.

12 – *Aspectos positivos e negativos do ambiente que poderiam vir a auxiliar ou dificultar a implementação de procedimentos terapêuticos*: por exemplo, mercado de trabalho, características da família, amizades, condição financeira...;

13 – *Tratamentos anteriores*: descrição e resultados – incluir todas as tentativas de resolver o problema, mesmo aquelas informais;

14 – *Condições gerais de saúde*: aspectos que poderiam interferir no comportamento-problema, tais como: doenças crônicas, uso de medicação ou drogas, obesidade;

15 – *Motivação do cliente para o tratamento*: pode-se usar uma escala de 0 a 10 para assinalar o grau de motivação aparente do cliente. Este grau pode ser inferido pelo terapeuta, a partir de diversos indicadores fornecidos pelo cliente;

16 – *Reforçadores potenciais*: investigar quais os interesses do cliente, de quais coisas, atividades ou pessoas ele gosta, ou já gostou anteriormente;

17 – *Avaliar riscos de possíveis crises imediatas*: verificar o grau de urgência do tratamento e se é o caso de se tomar medidas de encaminhamento imediatas;

18 – *Identificar respostas emocionais ao(s) problema(s)*: verificar como o cliente vem "lidando" com seus problemas;

19 – *Levantar informações de possíveis relações entre os diversos problemas apresentados*: no caso de clientes que apresentam diversos problemas, verificar semelhanças e inter-relações entre eles, as quais permitam uma análise integrada dos mesmos. Problemas aparentemente independentes poderão representar processos comportamentais semelhantes;

20 – *Identificar valores que norteiam as ações e metas do cliente*: verificar, por exemplo, possíveis regras morais que parecem orientar as ações do cliente e suas metas de vida para o futuro.

21 – Levantar quaisquer outros dados que pareçam de interesse para a compreensão da(s) queixa(s) no contexto de vida do cliente.

Considerações finais

a) Os itens sugeridos acima são produto de ampla pesquisa da literatura em Análise do Comportamento. Eles englobam os principais itens necessários a uma ampla análise funcional de problemas clínicos. Por isso, são numerosos e não se esperam que sejam todos obtidos para todos os clientes, mesmo porque, nem todos os itens são pertinentes a todos os tipos de problemas clínicos.

b) Essa lista é uma síntese dos dados clássicos que se buscam na entrevista comportamental. Inclusive, boa parte deles, já foi submetida à pesquisa de validade social por Miltenberger & Fuqua (1985) e Miltenberger & Veltum (1988). Eles realizaram três estudos, nos quais foram consultados diversos especialistas da área, ou seja, terapeutas comportamentais experientes, os quais sugeriram os dados por eles considerados necessários à avaliação comportamental. Quase todos os itens, apresentados anteriormente, constam dos resultados das referidas pesquisas de validação social.

c) Nas edições anteriores não havíamos incluindo o que consta no item número 20 [valores que norteiam as ações e metas do cliente]. No entanto, nossa experiência tem mostrado que não seria adequado não atentarmos para a explicitação e análise dos valores do cliente. Como vimos fazendo isto em nossa prática de supervisora com resultados relevantes, decidimos incluí-los, nesta edição, entre as informações pertinentes à avaliação comportamental. Nossa inclusão desse item também se justifica porque muitos autores que atuam com análise comportamental, com suporte em fundamentos do behaviorismo radical, têm sugerido o mesmo procedimento, por exemplo, Hays (2004); Hays & Smith (2005) e Tsai et al. (2009).

c) Nem sempre a lista de informações acima pode ser obtida por meio de perguntas diretas ao cliente. Por isso a entrevista é mais complexa que o questionário. Muitas informações dependem de observação direta, por exemplo, o estado emocional aparente do cliente ao tratar de certos assuntos. Outras informações podem ser mais facilmente obtidas por meio de comentários espontâneos do cliente. Por exemplo, ao ir falando livremente sobre um tema, um cliente pode demonstrar certos valores que norteiam suas escolhas. Contudo, o mesmo cliente poderia negar orientar-se por tais valores caso fosse perguntado diretamente.

d) Até aqui vimos orientando os alunos para investigarem dados detalhados sobre as queixas dos clientes. Com isso, pode ficar a impressão de que em nossa prática terapêutica adotamos apenas procedimentos que tenham como enfoque eliminar tais queixas. Gostaríamos de esclarecer que a investigação da queixa é uma orientação apenas para as primeiras sessões, nas quais se elabora uma avaliação preliminar do caso. Nossa orientação, no entanto, para a condução da terapia é a de que o terapeuta pode (e em geral o faz) conceituar ou formular o problema clínico de tal modo que certas queixas não sejam enfocadas diretamente no decorrer da terapia, mas, apenas na avaliação final, para se verificar se foram superadas. No modelo operante, em geral, o enfoque clínico recai mais na ampliação ou modelagem de novos repertórios que na eliminação direta de queixas (sobre este assunto ver Follete et al., 2000). Com esse enfoque muitas das queixas tendem a desaparecer. Ainda, no caso de certas queixas que estão claramente sendo mantidas por reforçadores verbais (caso de clientes que se comportam como vítimas e só querem falar de "sua doença"), nossa orientação é no sentido do terapeuta abandonar rapidamente a investigação dessas queixas e seguir um procedimento compatível com a orientação acima, do modelo operante.

e) Quando tratamos do levantamento de dados e de avaliação na pesquisa comportamental em geral e também na clínica, surgem muitas questões de ordem metodológica e epistemológica as quais não poderíamos tratar aqui, pois fogem aos objetivos deste manual. Entretanto, gostaríamos apenas de alertar aos leitores que, a análise clínica comportamental, se fundamentada em princípios do behaviorismo radical, pode ser bem mais eficaz. Isto ficou patente em nossas supervisões clínicas quando passamos, nos últimos anos, a introduzir tais tópicos nas aulas e nas supervisões. Por exemplo, interpretar os dados levantados com base em uma visão "realista de mundo" ou em uma visão "pragmatista ou contextualista" tem implicações e resultados muito distintos. São visões que conceituam de forma bem distinta o que seria a "verdade" dos dados obtidos, como o demonstram, entre outros, Castro & De Rose (2008); Follete et al. (2000) e Tourinho & Neno (2003).

Antes de finalizarmos este capítulo e, com ele, a parte I que dedicamos especialmente aos alunos iniciantes, gostaríamos de esclarecer que, tanto as pesquisas quanto nossa prática como supervisora mostram que só ler este manual não basta. Para desempenhar com qualidade a entrevista clínica, os alunos iniciantes precisam passar por programas supervisionados de ensino. Tendo isto em conta, o último capítulo (9) foi dedicado aos professores.

PARTE II

A ENTREVISTA CLÍNICA COMPORTAMENTAL NA INTERVENÇÃO COM CRIANÇAS

Edwiges Ferreira de Mattos Silvares

4

POR QUE ENTREVISTAR PAIS E PROFESSORES, DA CRIANÇA ENCAMINHADA PARA ATENDIMENTO PSICOLÓGICO

O psicólogo clínico infantil, na tentativa de definir uma direção efetiva a ser seguida no trabalho comportamental com a criança encaminhada para tratamento psicológico, não pode prescindir de entrevistar, além da própria criança, seus pais e/ou outras pessoas significativas do seu ambiente [como professores, por exemplo] em virtude de seis pontos principais:

a) são os pais e os professores os principais agentes a encaminharem a criança para tratamento psicológico (ANCONA-LOPES, 1983; BARBOSA & SILVARES, 1994; FALCONE, 1994; INGBERMAN, 1994); ela nunca vem buscar o tratamento por si só. Além disso, antes de chegar até o psicólogo, muitas vezes já foi vista por outros profissionais, como médicos, assistentes sociais, etc. (BARBOSA & SILVARES, 1994; FALCONE, 1994; INGBER-

MAN, 1994), profissionais estes com os quais o psicólogo deverá manter contato, objetivando obter maiores informações sobre seu cliente;

b) vários fatores, além do comportamento da criança, podem contribuir para seu encaminhamento psicológico, tais como: problemas conjugais entre os pais (OLTMANNS et al. 1977), depressão de um dos familiares (FUREY & FOREHAND, 1984), nível socioeconômico da família (HARRIS, 1974; SILVARES, 1993) e percepções inadequadas dos pais (WELLS, 1988);

c) na maioria das vezes, faltam à criança – principal interessada no resultado do encaminhamento ao profissional de Psicologia – recursos suficientes em termos de desenvolvimento cognitivo e de linguagem, particularmente no caso de criança muito pequena, para alcançar a compreensão dos fatores envolvidos na manutenção e na alteração de seus problemas, de modo a obter sua completa solução (O'LEARY, 1979);

d) a criança encaminhada, como outras crianças, não mostra consistência comportamental em diferentes locais e/ou períodos (SHAPIRO & KRATOCHWILL, 2000); Mc Conaughy (2013). Assim, pode mostrar um comportamento absolutamente inadequado, estando em um local em um determinado momento e, em outro momento, mostrar um comportamento completamente adequado neste mesmo local. Da mesma maneira pode manifestar comportamento inadequado em um ambiente e não em outro, o que exige intervenção voltada apenas para os locais e horários onde seus comportamentos se manifestam de forma indevida e/ ou nos momentos inoportunos (WAHLER & CORMIER, 1970). São os agentes sociais de diferentes aspectos do seu ambiente os informantes mais confiáveis para fornecer as informações pertinentes ao psicólogo sobre estes aspectos;

e) não há, necessariamente, acordo entre a percepção da criança e a dos pais acerca dos seus problemas em virtude de diversos fatores, inclusive os acima colocados. Tal dissonância é indesejável por não permitir um bom desenvolvimento do trabalho conjugado entre psicólogo, família, escola e criança (EVANS & NELSON, 1986). As entrevistas entre o profissional, a criança, seus pais e/ou professores poderão contribuir para a redução dessa discordância. Esta afirmativa torna-se especialmente verdadeira se, como sugerido por Evans & Nelson (1986), for adotada com a família, de forma explícita, uma estratégia de solução de problemas no processo diagnóstico.

f) o trabalho psicológico a ser feito com a criança, na maioria das vezes, implica alterações ambientais levadas a efeito na casa, na escola ou em outro ambiente de convivência da criança e para isso o psicólogo precisará da colaboração de vários agentes sociais. Através da entrevista com diversos deles e com a própria criança, o psicólogo ficará ciente de que esta precisa de fato ser ajudada, quais agentes se dispõem a ajudá-lo e quem é habilitado para isto (SILVARES, 1995a, 1995b, 2000; THARP & WETZEL, 1969).

Todos esses pontos iniciais são defendidos no primeiro pressuposto de trabalho assumido por Mc Conaughy (2013), qual seja, o de que "Não há um padrão único para avaliar o funcionamento de uma criança". Ao contrário, ainda no sábio ver da autora, uma avaliação compreensiva da criança requer que outras fontes de dados, além da entrevista clínica com ela, as quais incluem: observação em sala de aula e outras situações de grupo, análise de escalas padronizadas respondidas por pais e professores, autorelatos, e outros procedimentos.

O psicólogo tem que se envolver com múltiplos agentes sociais significativos do ambiente infantil para encontrar meios de ajudar a criança no processo de entender as razões que a levaram até a clínica psicológica. Isto constitui, na opinião de diversos autores (EVANS & NELSON, 1986; LA GRECA & STONE, 1992; MC CONAUGHY, 2013; SHAPIRO & KRATOCHWILL, 2000), o ponto principal que torna o processo diagnóstico/terapêutico infantil diferente do(s) mesmo(s) processo(s) no adulto.

A diversidade de pessoas incluídas no processo diagnóstico/terapêutico infantil não faz, porém, com que a entrevista clínica comportamental deixe de ser o primeiro passo para o entendimento das razões que trouxeram a criança até a clínica, como o é também no caso do adulto. Aliás, a entrevista clínica comportamental é – em ambos os casos – reconhecidamente um passo de extrema importância, pois, se mal conduzida, pode trazer consequências desastrosas, seja no sentido de levar o cliente a desistir de qualquer esforço de mudança, seja no sentido de se encaminhar o cliente para um programa inadequado de intervenção (LAZARUS, 1977; TURKAT, 1986).

Cabe, no momento, um aparte sobre os diferentes tipos de entrevista clínica possíveis na saúde mental. Turkat (1986), para quem a entrevista é o tipo de avaliação mais empregado nas profissões de saúde mental, considerou que este instrumento pode assumir pelo menos sete diferentes formas, desde a triagem até o processo de alta (*discharge*) ou seguimento (*follow-up*) do cliente. Tais diferenças nas formas de entrevistar podem ser entendidas a partir do exame dos objetivos de cada uma delas, lembrando, é claro, que é possível muita superposição entre formas e que a distinção acima é mais de caráter didático do que funcional. Assim, o autor relaciona os seguintes instrumentos:

1) entrevista diagnóstica;
2) entrevista inicial ou de triagem;
3) entrevista psicométrica;

4) entrevista de crise;

5) entrevista de tomada de história;

6) entrevista de manejo do paciente e

7) entrevista com o informante.

O objetivo da primeira consiste em classificar psicopatologicamente o cliente e o da segunda, determinar suas necessidades e apreciar o seu ajuste aos serviços da clínica procurada. Já o propósito da terceira é levantar áreas problemáticas do cliente para teste psicológico. Avaliar e resolver uma situação de emergência, são os objetivos da quarta forma de entrevistar, enquanto a quinta procura registrar informação histórica sobre o cliente e a sexta, determinar a abordagem de tratamento mais adequada. A sétima e última das formas de entrevistar citadas por Turkat (op.cit.) busca coletar informação relevante sobre o cliente, a partir de pessoas significativas de seu ambiente.

Essas colocações, já mencionadas anteriormente na parte I, levam-nos, novamente, a reafirmar um ponto de extrema relevância para o conhecimento relativo ao tema da entrevista clínica (tomado como um dos seus pressupostos básicos): sua estrutura e conteúdo variam em função do informante e dos objetivos de cada entrevista (MC CONAUGHY, 2013). Daí a importância do que será apresentado nos próximos capítulos, em relação ao atendimento infantil.

Interessa-nos aqui descrever os aspectos essenciais envolvidos na entrevista clínica comportamental, desenvolvida com vistas aos três últimos objetivos, focalizando especialmente o trabalho clínico voltado para a solução de problemas infantis. Em outras palavras, ao proceder a entrevista clínica com os adultos próximos à criança, desejamos principalmente levantar: a) o histórico da queixa; b) a informação relevante para definição do processo terapêutico e c) a abordagem terapêutica mais adequada para o caso.

A justificativa desse nosso empreendimento encontra-se na quase total carência, em língua portuguesa, de referências sobre o tema. Entretanto, é conveniente ressaltar que o conteúdo do presente texto constitui menos fruto de estudos empíricos sobre o tema e mais resultado da experiência de quem ensina e supervisiona o trabalho clínico de alunos de graduação, em diagnóstico e intervenção comportamental, já realizado há tempos.

As primeiras entrevistas do processo diagnóstico e da terapia de uma criança ocorrem com seus pais. Geralmente, só depois que o psicólogo pôde apreciar as percepções dos pais sobre os problemas de seu(sua) filho(a) e considerar as razões que os motivaram à consulta, parte para a entrevista com a criança.

Embora Gross (1984, 1987), ao abordar os pontos acima, tenha afirmado que a entrevista com os pais antecede necessariamente a da criança, apenas quando esta tem idade inferior a seis anos, em nossa prática clínica tem sido rotina adotar esse procedimento em qualquer idade. A não ser que a criança seja pré-adolescente, deve-se considerar sempre a mesma ordem: os pais antecedendo a criança nas primeiras entrevistas.

Na maioria das clínicas-escola brasileiras de Psicologia, a primeira entrevista com os clientes é precedida por uma entrevista de triagem, nem sempre realizada pela mesma pessoa que inicia o processo diagnóstico/terapêutico do cliente infantil, encaminhado para a instituição. No caso do atendimento psicológico a crianças, em geral, a entrevista de triagem é feita com um dos pais; desse modo, muito do que for comentado no próximo capítulo aplica-se, também, a este tipo de entrevista.

A seleção dos adultos a serem entrevistados pelo psicólogo infantil está na dependência da definição do(s) problema(s) infantil(is) nas primeiras entrevistas entre psicólogo e família (OLLENDICK & CERNY, 1981, apud GROSS, 1984). A necessidade de iniciar este processo com os pais decorre do fato de terem maior contato com a criança, dispondo, em geral, de uma visão mais global sobre seu funcionamento. Assim, apresentam melhores condições para o fornecimento de informações fundamentais para o encaminhamento da solução do problema trazido pela família.

A entrevista clínica comportamental, apesar de um marco no trabalho psicológico, situa-se entre os campos considerados deficitários em termos de investigações científicas. Gongora (1995) e Turkat (1986) apontaram esta característica ao considerarem o trabalho psicológico com adultos.

Eldebrock & Costello (1984), ao comentarem a ausência de investigações científicas sobre o tema da entrevista com a criança, justificaram a situação em virtude do desenvolvimento histórico da área de diagnóstico e intervenção clínica infantil. Assim, para os autores, antes dos distúrbios infantis serem definidos de forma mais operacionalizada em sistemas nosológicos apropriados, não era possível estruturar nenhuma entrevista infantil fidedigna e válida, o que só ocorreu após o DSM-III.

Ollendick & Meador (1984), além de referendarem o que foi anteriormente afirmado, lamentaram a defasagem no desenvolvimento dos instrumentos de avaliação comportamental infantil, quando comparados com os de adultos. Assim, criticaram a tendência dominante na área de enfocar mais o desenvolvimento dos últimos em detrimento dos primeiros, o que para eles revela uma atitude de não atribuir valor de per si ao trabalho psicológico com a criança.

Tão importante em termos de pesquisa quanto a situação da entrevista clínica com os adultos é a situação da entrevista clínica com a criança, com os pais e/ou com os professores da criança encaminhada para atendimento psicológico. Vários roteiros de entrevista com os pais já foram descritos na literatura, mas dois deles têm sido mais frequentemente citados: o de Gelfand & Hartmann (1975) e o de Holland (1970) e, bem mais recentemente, Mc Conaughy (2005, 2013). Apesar de a entrevista clínica já ter sido conceituada na parte I, temos mais algumas palavras acerca do que é e do que não é uma entrevista clínica, antes de detalharmos, em cada um dos próximos capítulos, cada uma delas. Concordamos com Mc Conaughy (2013), quando, apoiada em Merrell (2008), destaca não ser o local que define uma entrevista como clínica, mas sim, seus propósitos. Em termos gerais, o propósito maior de uma entrevista clínica é alcançar informação específica sobre o funcionamento comportamental social e emocional de uma criança, em diferentes locais; especialmente nos deficits e problemas de seu funcionamento global nesses locais. Isto possibilita planejar, implementar e avaliar o tratamento levado a efeito. A autora chama atenção, ainda, para dois elementos básicos da entrevista clínica: ser uma interação diádica com mais de um objetivo: avaliação e intervenção.

5

ENTREVISTANDO OS PAIS DA CRIANÇA ENCAMINHADA PARA ATENDIMENTO PSICOLÓGICO

    Se o eixo do trabalho do psicólogo infantil é definido a partir das entrevistas iniciais mantidas com os pais e com a criança, visto ser com base nelas que se delimitam os objetivos do trabalho de intervenção, nada mais apropriado do que analisar a maneira pela qual estes objetivos são delineados nas entrevistas com a família. É o que faremos a seguir, tentando esclarecer quais ações são empreendidas pelo clínico durante a entrevista, de modo a definir tais objetivos; tentaremos explicitar a razão subjacente a tais ações à medida que se processar nossa exposição.

1 PROPÓSITOS DAS ENTREVISTAS INICIAIS COM OS PAIS

Na primeira vez que vemos os pais de nossos clientes, pedimos que nos forneçam uma apreciação geral sobre seu próprio comportamento, a partir do preenchimento de um questionário de avaliação do comportamento infantil. Trata-se do CBCL (Child Behavior *Checklist* ou Lista de Comportamentos Infantis), elaborado por Achenbach (1991a), muito útil para levantar dados de análise nas entrevistas seguintes. O CBCL, além de nos oferecer elementos quantitativos para comparação pré e pós-intervenção dos comportamentos nele descritos, permite-nos comparar seus resultados com os outros questionários ASEBA preenchidos por outros informantes. Permitem tal comparação por poderem ser quantificados, através de um software produzido nos Estados Unidos por ASEBA (Sistema de Avaliação de Achenback, descrito mais adiante) que pode ser adquirido no Brasil [via e-mail: asebabrasil@gmail.com] para serem quantificados. Essa quantificação permite a comparação de várias escalas com outras obtidas pelo preenchimento de outros instrumentos ASEBA (seja pela própria criança, a partir dos 11 anos, seja pelos pais e ou professores) o que auxilia muito na definição do perfil da criança alvo da atenção por diferentes informantes. Os resultados de tais comparações permitem a classificação da criança em clínica, normal ou limítrofe. Permitem, ainda, a comparação com perfis obtidos por outras medidas internacionais (ROCHA et al., 2013).

O Sistema de Avaliação com base empírica de Achenbach (ASEBA) http://www.aseba.org/) oferece uma abordagem abrangente para avaliar o funcionamento adaptativo e desadaptativo das pessoas com dados pessoais fornecidos por elas sobre si mesmas ou por outrem que as conheçam bem (como no caso de pais, professores, cônjuges) de diferentes faixas etárias. Os dados são fornecidos em instrumentos que envolvem questões, cujas respostas são passíveis de quantificação. O sistema ASEBA foi desenvolvido através de décadas de pesquisa e experiência prática para identificar padrões de funcionamento humanos e fornece aos profissionais ferramentas de fácil utilização. Numerosos estudos demonstram associações significativas entre os escores ASEBA e ambas as categorias de educação e de diagnóstico especiais. Pode-se também relacionar os perfis ASEBA às categorias diagnósticas do DSM-5, utilizando as escalas assim orientadas.

Podemos agora ver quais os pontos a serem abordados nas entrevistas com os pais, os quais podem ser considerados como etapas do trabalho de entrevista do psicólogo infantil, visando definir os objetivos da intervenção futura com a criança. São eles:

1) Identificar e descrever o(s) comportamento(s) problemático(s) da criança;

2) Obter dados que permitam formular hipóteses sobre os determinantes (antecedentes e consequentes) do(s) problema(s) e outros possíveis estímulos ambientais a ele(s) associados (local, hora, pessoas, etc.); em outras palavras, esboçar uma análise funcional hipotética (HAYES, 1987);

3) Obter dados quantitativos acerca da frequência e da duração do(s) problema(s) e do tempo transcorrido entre a instalação do(s) problema(s) e a visita ao psicólogo;

4) Obter informações sobre esforços previamente feitos na tentativa de alterar os comportamentos problemáticos, bem como acerca das mudanças comportamentais alcançadas;

5) Levantar a valência positiva e negativa dos estímulos ambientais para a criança e familiares;

6) Descobrir os pontos fortes do repertório infantil, de modo a definir o ponto de partida da intervenção;

7) Avaliar o potencial de mediação dos pais ou estimar a propriedade de estarem inseridos no trabalho com a criança;

8) Estabelecer um bom *rapport* com a família e a criança, objetivando garantir compreensão e aceitação das orientações processadas na clínica;

9) Observar as reações dos pais de maneira geral e, de forma específica, o tipo e qualidade da interação com a criança;

10) Definir objetivos de trabalho com vistas à alteração comportamental, em termos de comportamento(s) alternativo(s) desejável(veis);

Evans & Nelson (1986) acrescentam mais um ponto a ser abordado na entrevista com a família, por eles considerado importante na definição da intervenção com a criança, qual seja, o de buscar dados históricos do desenvolvimento infantil, de maneira a poder melhor avaliar seu problema. A este tópico, Keefe et al. (1980) apresentam outro, a saber: conhecer as expectativas dos pais sobre as causas do comportamento e sobre a melhor forma de alterá-lo.

Ainda que parcialmente, se o psicólogo conseguir, através dessas doze etapas, definir os objetivos – mesmo que provisórios – nas entrevistas com os pais, pode-se dizer que terá dado o primeiro passo no sentido de obter uma "fotografia nítida da criança e da família". Esta fotografia, que sem dúvida só se revelará de fato à medida que o processo diagnóstico se desenvolver, contribuirá sobremaneira para traçar o rumo da intervenção. Sem essa fotografia, o direcionamento do trabalho clínico é impossível de ser traçado. Abaixo descrevemos como o psicólogo procede na tentativa de alcançá-lo.

1.1 Identificando e descrevendo o(s) comportamento(s) problemático(s) infantil(is) com os pais ou caracterizando comportamentalmente a queixa

O primeiro passo no sentido de auxiliar um cliente que busca ajuda para seus problemas, seja ele adulto ou criança, consiste em especificar o que lhe está trazendo dificuldades. É muito difícil ajudar uma pessoa sem identificar, claramente, que comportamento(s) lhe traz(em) problemas.

Em uma análise comportamental, a identificação da queixa envolve a descrição dos problemas do cliente de acordo com referentes comportamentais, uma vez que toda intervenção será voltada para tais referentes, considerados importantes em si mesmos dentro dessa perspectiva clínica (BARRIOS, 1988).

Formulando na entrevista duas questões centrais, emprestadas de Marks (1987), o psicólogo poderá ajudar os pais na seguinte definição:

1) O que seu filho faz e o que vocês, pais, gostariam que ele(a) deixasse de fazer?
2) O que seu filho não faz e o que vocês gostariam que ele(a) passasse a fazer?

Embora as respostas a estas questões possam, à primeira vista, parecer diretas, este nem sempre é o caso. A tarefa de identificar e descrever a queixa do cliente, que não é simples no caso do adulto, com toda certeza mostra-se complicada no caso da criança. Isto, principalmente, porque ela não se auto-encaminha para o psicólogo, sendo, portanto, primeiramente necessário verificar se de fato há alguma desordem com ela, antes mesmo de identificar e descrever qual é este problema.

Dois exemplos de caso por nós atendidos, descritos a seguir, ilustram os pontos que queremos sinalizar.

O primeiro é relativo a uma cliente adolescente trazida à clinica por sua mãe, segundo a qual a filha, além de apresentar um mau desempenho escolar, precisaria cuidar de sua obesidade. A mãe acreditava que sua filha deveria estudar mais e comer menos. Logo na primeira entrevista, quando vimos a cliente, já descartamos a questão da obesidade: a adolescente não poderia ser chamada de obesa de acordo com as normas de quem trabalha com controle de peso. Além disso, a própria adolescente nem se considerava "gorda" ou infeliz por se encontrar levemente acima do peso esperado para sua idade. Na segunda entrevista, quando examinamos seu boletim escolar, verificamos que a primeira questão também não se aplicava ao caso: suas notas eram todas azuis, em torno da média seis.

No decorrer das entrevistas, concluiu-se que a percepção inadequada da mãe acerca das dificuldades de sua filha estava associada à própria ansiedade, decorrente de dois fatores principais: a) o recente recebimento do diagnóstico de câncer no seio e b) o desemprego de seu marido, fato ocorrido aproximadamente dois meses antes do ingresso na clínica psicológica. A ansiedade da mãe era tanta que a fazia inclusive impedir sua filha de jogar vôlei com colegas da mesma idade, na rua de sua casa, para forçá-la a não sair, estudando o tempo todo, com o objetivo de conseguir que suas notas chegassem ao critério por ela considerado satisfatório: todas as notas acima de sete. Não era de se estranhar que a adolescente estivesse com o peso levemente excessivo! A recomendação de tratamento, no caso, foi para a mãe e não para a adolescente.

Um segundo caso mostra outro aspecto envolvido na questão da identificação e da descrição da queixa: qual de fato é o problema da criança? Um cliente infantil do sexo masculino, de oito anos de idade, nos foi encaminhado após entrevista de triagem, com a queixa principal de problemas de aprendizagem. Após algumas sessões com sua mãe, seu problema foi redefinido, pois a queixa acima não se constituiu na razão principal que levara a família até a clínica. A principal dificuldade e, portanto, merecedora de maior atenção, referia-se à sua falta de identidade de gênero. Segundo a mãe, seu filho gostaria de ser menina e comportava-se com frequência como se o fosse. Assim, nosso cliente brincava predominantemente com outras meninas, usava roupas de sua mãe, "maquiava-se" com seus produtos de beleza, gostava de lavar a louça e tinha trejeitos femininos (comportamentos considerados como critérios diagnósticos para se definir o distúrbio de identidade de gênero no DSM IV-R (302.6).

Nesse último exemplo, os referentes comportamentais de um conjunto de problemas da criança foram definidos na última frase do parágrafo anterior. Além disso, julgou-se também importante considerar suas dificuldades de aprendizagem, cujos referentes comportamentais se concretizaram em não ser capaz de discriminar, nomear e escrever as vogais ou outras sílabas simples, nem conseguir escrever números ou elaborar pequenas operações numéricas, ao término de dois anos de vida escolar.

Gelfand & Hartmann (1975), ao comentarem esse aspecto de descrição do comportamento-queixa na entrevista com os pais, sugeriram que o psicólogo, na busca de uma descrição comportamental da queixa em termos operacionais, fizesse questões que suscitassem respostas específicas para substituir citações vagas trazidas pelos pais, como por exemplo, "meu filho é rebelde" ou "minha filha é tímida". Assim, os autores esclarecem que após os pais apresentarem o que consideram como problema de seu filho, o psicólogo poderá indagar: "O que exatamente ele ou ela faz, quando está agindo desse modo rebelde ou tímido?"

Keefe et al. (1980), apesar de julgarem importante essa descrição comportamental da queixa, sugerem que o psicólogo não se precipite exageradamente na busca de tais referentes comportamentais e se mantenha inicialmente na estrutura de linguagem dos pais, de maneira a favorecer o seu relacionamento com eles. Os autores ilustram esses pontos com a apresentação de um diálogo mantido entre um terapeuta iniciante e um pai de cliente infantil. Nele, é dito ao psicólogo que o filho não tem confiança em si mesmo, é imaturo e não se relaciona com o próprio pai. O terapeuta coloca, então, que confiança e imaturidade são conceitos sem muito sentido e que há necessidade de ser mais objetivo. A seguir, quando o pai diz que o filho é tímido, respondendo à pergunta do psicólogo sobre o que o filho faz e o que o leva a dizer que tem falta de confiança em si mesmo, o psicólogo retruca ao pai que ele continua vago. Acrescenta, então, que ele deve explicar o que acontece com o filho de uma forma que o capacite a mensurar o problema. Finaliza dizendo que não é possível mensurar um comportamento tímido.

Em nossa opinião, a situação acima parece ser fruto mais da ansiedade do terapeuta, comportamento comum em psicólogos iniciantes e concretamente registrada por Gongora (1995). A ansiedade do profissional parece de tal monta que o impede inclusive de buscar adequadamente os referentes comportamentais necessários para auxiliar a família, sem provocar um distanciamento pelo confronto de ideias. Em outras palavras, a busca dos referentes comportamentais da queixa é necessária, mas é preciso fazê-la adequadamente, de modo a deixar o informante à vontade, sem se sentir incompreendido ou desrespeitado pelo terapeuta como poderia se sentir o pai do exemplo citado.

De particular importância para o alcance objetivo desta etapa tem sido o preenchimento do questionário CBCL, de Achenbach (1991a), no qual os pais informam não apenas os comportamentos de seu filho que julgam problemáticos dentre uma lista de comportamentos infantis, mas também sua competência social. Algumas vezes, ao fornecer tais informações, os pais apontam para outras áreas não mencionadas anteriormente, que passam a merecer atenção por parte do psicólogo.

1.2 Conhecendo as expectativas da família com relação às "causas" do comportamento infantil e sobre como proceder à mudança

Keefe et al.(1980), ao abrirem a discussão sobre a avaliação comportamental de crianças, consideraram a importância do psicólogo de se inteirar sobre as expectativas dos pais quanto à intervenção a ser desenvolvida, antes mesmo de comentarem os pontos básicos de todo o processo de avaliação comportamental, já apresentados por vários estudiosos (e.g. BARRIOS, 1988; GROSS, 1984; GROSS & WISTED, 1993; HAYES, 1987; OLLENDICK & MEADOR, 1984; TURKAT, 1986; WELLS, 1988). Segundo os autores, muito já ocorreu antes do clínico comportamental encontrar-se com a criança e seus pais. Estes, com quase toda certeza, já conversaram com o professor dela, com outros parentes, médico, amigos e, muitas vezes, até com outros terapeutas. Em decorrência, já formularam ideias próprias sobre a natureza do problema e sobre possíveis métodos de tratamento. Para que este seja bem sucedido, então, é preciso haver consenso entre pais e profissional sobre o assunto. Neste sentido, o quanto antes o terapeuta compreender as expectativas parentais, melhor para o desenvolvimento da intervenção, ponto sobre o qual também estão de acordo Evans & Nelson (1986) e Mcauley (1986).

Ainda de acordo com Keefe et al. (1980), com os quais concordamos, essas ideias e expectativas são mais facilmente discutidas quando o psicólogo entra na estrutura e sistema de linguagem dos pais. Caso o psicólogo não consiga fazer essa adaptação semântica, tornar-se-ão difíceis os seus esforços subsequentes no processo diagnóstico e na intervenção. Assim, por exemplo, a coleta de registros não será levada a termo, ou pior, poderá ocorrer a desistência do tratamento, com a subsequente reclamação do psicólogo com colegas, de que o tratamento está sendo sabotado pelos pais. Como os próprios autores colocam: "Talvez um maior sucesso pudesse ser obtido se a propriedade do programa fosse encarada mais coletivamente" (KEEFE et al., 1980, p.38). (Voltaremos a este ponto mais adiante, quando considerarmos a entrevista de *feedback* com os pais). São ainda estes mesmos pesquisadores que comentam como é improdutivo tentar proceder a uma intervenção do tipo "treino de pais" com uma família que espera um trabalho psicológico baseado em conversas e jogos lúdicos semanais entre a criança e o psicólogo. Neste sentido, estão de acordo com o que é afirmado por Lazarus (1977) sobre a necessidade de o terapeuta ser flexível e agir em função das expectativas do cliente.

Mcauley (1986), conhecido por sua experiência na área de trabalho com famílias, também partilha dessas ideias. Para ele, ao se investigar tais expectativas, é conveniente não só apreciar as percepções dos pais com relação ao comportamento da criança, como também verificar a capacidade que eles mesmos estimam de virem a conseguir a alteração desse comportamento. Assim, por exemplo, os pais podem acreditar que "a criança é igualzinha ao pai" ou "tem algum problema médico", ou ainda, "nunca irei conseguir nada com ela, já tentei de tudo", "não nasci para ser pai", etc. Estas crenças certamente permeiam a interação dos pais com a criança e se o psicólogo não estiver ciente delas, poderá não conseguir que o tratamento proposto seja efetivo.

A partir destas colocações, Mcauley (1986) propõe diferentes formas de se lidar com as expectativas parentais. Todas implicam um diálogo com a família, no sentido de eliminar crenças infundadas. Tal diálogo, segundo o autor, deve ser mantido sempre de modo não confrontativo, com o pai ou a mãe em estado bem relaxado. O terapeuta caminha, inicialmente, aceitando a posição da família e, gradualmente, trazendo-a para a posição de confiança na própria habilidade de controle, a qual é indispensável no trabalho de intervenção.

1.3 Estabelecendo um bom *rapport* com a família

Se há um ponto sobre o qual há consenso entre psicólogos de diferentes abordagens é a necessidade de qualquer trabalho psicológico assentar-se em um bom relacionamento com o cliente. No caso do trabalho com a criança, o qual envolve quase sempre a família, esse *rapport* além de ser estabelecido com o pequeno cliente, deve se estender também ao grupo familiar.

A inserção do psicólogo na estrutura e no sistema de linguagem dos pais favorece o bom relacionamento entre eles e não impede, ao contrário do que pensa o terapeuta iniciante, a obtenção de uma descrição operacionalizada do(s) problema(s) da criança, ponto este considerado essencial por todos os clínicos comportamentais. É impossível processar análise funcional ou mensurar comportamentos problemáticos – etapas essenciais do trabalho do psicólogo clínico com a criança – sem antes adquirir uma conceituação clara de seus problemas. A conceituação, como vimos anteriormente, é efetivada em termos descritivos e com referentes comportamentais: excessos, déficits ou inconveniências comportamentais (KANFER & SASLOW, 1979; KEEFE et al. 1980), devendo ser iniciada nas primeiras entrevistas com os pais da criança.

Evitar comentários desaprovadores sobre o comportamento inadequado dos familiares parece constituir também uma regra de ouro na construção de um bom relacionamento entre terapeuta e cliente. Esta pertinente sugestão foi feita pelos autores Keefe et al. (1980). Ainda hoje, entretanto, é comum em terapeutas o desrespeito à regra, especialmente entre iniciantes e jovens que agem assim por considerarem a transparência nos comentários a melhor atitude de vida. Esta atitude indevida do terapeuta, entretanto, poderá trazer dificuldades para o bom desenvolvimento do trabalho, podendo, inclusive, levar os pais a desistirem do atendimento.

Outros pontos, em geral considerados facilitadores do bom relacionamento com a família, são idênticos aos apontados nos capítulos precedentes, quando comentamos a postura clínica a ser assumida na entrevista clínica. Assim, o tom e a velocidade da voz em timbre e ritmo favoráveis, o contato direto de olhar e a postura corporal adequada configuram comportamentos que denotam interesse por parte do terapeuta no que os pais do cliente dizem e, consequentemente, favorecem a boa interação entre eles.

Os padrões de interação que o psicólogo clínico mantém com a criança, não têm merecido a mesma atenção; todavia, baseados em nossa experiência com crianças, notamos que quanto mais jovial é o terapeuta, mais fácil o estabelecimento de uma relação de confiança entre ele e seus clientes infantis.

1.4 Formulando análises funcionais hipotéticas

No processo de estabelecer um bom *rapport* com a família, geralmente o psicólogo infantil, atua simultaneamente identificando e descrevendo o problema da criança, assim como buscando especificar seus determinantes. Para isso, pergunta aos pais o que eles fazem diante do comportamento do filho, como reagem após a criança se comportar indevidamente ou da forma como a estão descrevendo. Além disso, o terapeuta procura também saber sob que condições o comportamento ocorre. Assim, são comuns questões como: "Em que situações ocorre isto que ele faz? Em casa? Na escola? Em lugares públicos?" ou "Só acontece quando a criança está sozinha?" Se ocorre em ambientes públicos: "Quem está com ele, quando ele age assim? Como reagem? A que horas é mais comum ocorrer? Em que lugar ela (criança) faz isto? O que normalmente ela está fazendo antes de se comportar assim? Geralmente, o que costuma acontecer antes dele se comportar assim? Acontece alguma coisa antes?" ou "Alguma coisa em particular o leva a agir desta maneira? Quantas vezes por dia (hora ou semana) a criança faz isto? Há algum lugar específico onde isto ocorra mais?"

As respostas a estas perguntas poderão levar o psicólogo à análise funcional hipotética do problema, fortalecida pelos registros e outros instrumentos de avaliação, a ser comprovada ou não pela intervenção. Em outras palavras, o comportamento infantil (problemático ou não) será analisado como função das variáveis que o circundam. Pensa-se que os pais ou outros elementos desse ambiente poderiam estar, como o estão, na maioria das vezes, reforçando os comportamentos que são alvos da queixa e que os trouxe até o psicólogo. Apesar da singeleza dessas afirmações, não se trata de um objetivo facilmente alcançado. A elaboração da análise funcional correta é a parte mais intrincada de todo processo diagnóstico/ terapêutico, mas indispensável a uma intervenção clínica comportamental, conforme Meyer (1992). O estudo de Reimers et al. (1993), no qual o comportamento inapropriado de seis crianças com dificuldades para obedecer às instruções dos pais foi analisado em termos de suas propriedades funcionais, ilustra de que modo a análise funcional é indispensável para nortear a intervenção clínica futura. Embora todas as crianças estudadas apresentassem dificuldades comportamentais morfologicamente similares, isto é, fossem desobedientes (não seguissem as instruções dadas pelos pais ou não atendessem suas ordens), o comportamento de algumas delas era mantido por reforçamento negativo, enquanto o de outras, por reforçamento positivo. Assim, por exemplo, algumas delas não seguiam as instruções parentais no sentido de guardar os brinquedos que haviam usado porque os pais faziam o que elas deveriam estar fazendo (no caso, impacientes por não serem atendidos prontamente, guardavam, eles próprios, os brinquedos). Elas, consequentemente, esquivavam-se da tarefa e eram reforçadas negativamente por fazê-lo. Já as crianças que não seguiam as instruções recebiam, como consequência de sua desobediência, a atenção de seus pais durante muito tempo, explicando por que não deveriam agir daquele modo. Ao término das explicações, todas em conjunto com os pais acabavam por seguir as instruções. Neste caso, o comportamento de não atender às instruções prontamente era positivamente reforçado pela atenção parental recebida. Instruir os pais do primeiro tipo de crianças a colocarem seus filhos em *time-out* não seria produtivo, embora este seja um procedimento bastante referido na literatura sobre treino de pais de filhos desobedientes. O mais indicado para o caso seria o procedimento de reforçamento diferencial de respostas alternativas, associado à técnica de obediência dirigida (*guided compliance*).

Já no caso do segundo tipo de crianças, um breve *time-out* à contingência de atividades preferidas poderia ser produtivo, especialmente se conjugado com reforçamento diferencial de outras respostas.

  Hayes (1987), ao comentar a entrevista inicial, considerou que simultaneamente à formulação dessa análise funcional hipotética o psicólogo poderia levantar a categoria diagnóstica, sugerida pelo caso, no DSM IV. As razões que justificam o uso desse manual pelos terapeutas comportamentais já mereceram nossa atenção em outra publicação (SILVARES, 1991) e não iremos, portanto, nos aprofundar na questão. O leitor, porém, já deve ter notado que fazemos uso do Manual e a ele nos reportamos logo nas entrevistas iniciais, quando empreendemos levantamento das áreas problemáticas do cliente e tentamos identificar seus problemas. É mister acrescentar, entretanto, que nas primeiras entrevistas o psicólogo usa esse referencial como recurso auxiliar para sua tarefa principal, qual seja, a de elaborar a microanálise funcional (MORGANSTERN, 1988). Paralelamente, procura obter dados que o possibilitem definir as relações dos comportamentos entre e com os dos outros elementos do sistema familiar, de maneira a elaborar a macroanálise funcional do caso. Um exemplo de estudo de caso sobre agorafobia em um jovem, descrito por Genaro (1994) em relatório de estágio sob supervisão de Vaz-Serra, ilustra os dois tipos de análise e a pertinência de ambos para alcançarem os objetivos terapêuticos. A microanálise promovida pelas entrevistas com o jovem estudante evidenciava crises de pânico suscitadas por diferentes fatores (temporais, espaciais, interpessoais), as quais já haviam trazido prejuízo para seu funcionamento global. A macroanálise definiu fatores históricos predisponentes e precipitantes para o caso.

1.5 Obtendo dados quantitativos sobre os comportamentos problemáticos

Sem nenhuma obrigatoriedade na ordem de apresentação das questões, o psicólogo infantil, ao entrevistar os pais, também formula perguntas que lhe permitem apreciar a gravidade do caso (comportamentos problemáticos com alta frequência ou longa duração apresentam maior gravidade do que os de baixa frequência, por estarem mais solidamente instalados e muitas vezes já terem se generalizado para diversos ambientes).

São importantes as informações sobre as variações naturais no(s) comportamento(s) problemático(s), seja quando os pais realizaram tentativas para modificá-los, seja quando não tenham tentado qualquer alternativa. Tais informações podem ser obtidas pelas respostas parentais a questões, como: "O que os levou a, somente agora, procurarem ajuda para modificar a presente situação? É sua impressão que este comportamento está acontecendo, presentemente, com maior ou menor frequência do que anteriormente?" ou "A frequência deste comportamento permanece sempre a mesma, desde o início?"

Conhecer o grau de estabilidade de emissão do(s) comportamento(s) fornece pistas sobre a probabilidade de sua alteração futura em curto prazo, bem como sobre o melhor tipo de procedimento a ser proposto na intervenção. Assim, comportamentos com alta estabilidade, reforçados em esquema intermitente, sugerem alta resistência a tentativas de extinção. Pode-se antecipar o insucesso de uma proposta pelo tipo de reforçamento a que o comportamento em questão está submetido.

1.6 Inteirando-se das variações naturais nos comportamentos problemáticos, derivadas de tentativas promovidas pela própria família para obter alterações comportamentais

Pistas sobre os pontos acima são igualmente fornecidas pela análise de descrições sobre o que ocorreu quando tentativas de mudança no comportamento foram promovidas pela família. Para avaliar as tentativas de modificação, são comuns perguntas como: "O que já foi feito para impedir que ele ou ela agisse desta forma? Esta tentativa durou quanto tempo? Funcionou? Já tentaram alguma outra coisa? Deu certo? Quando foi a última vez que aconteceu este comportamento? O que havia acontecido antes? O que foi feito quando ela agiu assim?" As repostas a estas questões fornecem pistas ao psicólogo sobre como os pais vêem o manejo do controle do comportamento dos filhos através de alterações ambientais, além de informarem também sobre a consistência deles nas tentativas de mudança experimentadas.

Enquanto investiga esses aspectos, o psicólogo poderá ter contato com algumas crenças negativas da família, acerca das suas possibilidades de controle do comportamento-alvo da queixa. Afirmativas tais como as lembradas por Mcauley (1986): "não fui feito para ser pai", "eu tentei várias coisas, mas nada funciona" revelam crenças que certamente estão por trás das interações dos pais com seus filhos, influenciando a assertividade e a consistência deles nos seus esforços de controle. Nessa medida, como já tivemos oportunidade de comentar anteriormente, não podem em nenhuma instância ser ignoradas, especialmente se os esforços clínicos se direcionarem para o treinamento de pais como intervenção terapêutica indicada.

As perguntas desta seção, além de proverem elementos ao psicólogo sobre como os pais vêem o manejo do controle do comportamento dos filhos através de alterações ambientais, também informam sobre a consistência deles nas tentativas de mudança experimentadas. Por outro lado, perguntas dessa natureza oferecem elementos de informação sobre a valoração dada pelas crianças e pelos pais aos estímulos do ambiente, ponto explicitamente abordado a seguir.

1.7 Levantando o "menu" de reforçadores infantis

Uma vez que no trabalho psicológico comportamental com a criança é comum o manejo de reforçadores (SILVARES, 1995a, 1995b), seria procedente que se efetuasse o levantamento do que é valorizado ou desvalorizado pela criança e por seus pais antes de se planejar as etapas de intervenção. Maiores informações sobre estes pontos poderão ser obtidas através de perguntas diretamente dirigidas ao tema, quais sejam: "O que seu filho(a) mais gosta de fazer? Do que ele gosta menos? Ele é carinhoso? Gosta de ser abraçado ou beijado? Como reage quando é elogiado e quando é reprovado? Com que frequência acontecem punições ou premiações em casa? De que modo são atribuídas? Qual a natureza dessas ações? Qual o efeito delas?"

Produtivo, nesse levantamento, é o pedido feito pelo psicólogo da apresentação da rotina diária da criança. Através dela, não só os reforçadores artificiais como os naturais, cuja importância Kohlenberg e Tsai (1992) muito bem nos lembraram, serão levantados, como também os estímulos na presença dos quais há mais controle do comportamento problemático. É comum, por exemplo, que as crianças emitam os comportamentos problemáticos com maior frequência na presença das mães do que na dos pais, tanto que comumente se ouve as mães, diante de um comportamento inadequado do filho, afirmarem categoricamente: "Você vai ver quando seu pai chegar!". Também é comum dizerem: "Ele respeita muito mais o pai do que a mim". Em outras palavras, as mães estão afirmando que funcionam como estímulos discriminativos para atos indesejáveis e o inverso é verdadeiro para os seus maridos.

Os comentários como os exemplificados, bem como as respostas às perguntas acima, além de fornecerem ao psicólogo uma visão sobre os tipos de eventos ambientais que costumam controlar o comportamento da criança, poderão principalmente indicar a possibilidade de sucesso com a inclusão dos pais no trabalho com a criança. Para ter bem clara essa ideia, tão importante quanto saber sobre os estímulos que controlam o comportamento infantil é estimar o potencial de mediação dos pais na intervenção futura, nosso próximo ponto.

1.8 Avaliando o potencial de mediação

Uma vez que o trabalho psicológico comportamental com a criança envolve, em geral, os familiares, fala-se em mediação – pelos pais – entre o cliente e o terapeuta, ao se abordar o cumprimento das instruções recebidas (para maiores detalhes sobre este ponto e sobre o modelo triádico por ele suposto, consultar SILVARES, 1994, 1995a, 1995b). Os pais variam em função da competência com que exercem esse papel de mediadores do terapeuta. Se este puder antecipadamente estimar a probabilidade de eles exercerem bem esse papel, tanto melhor, pois poderá, com maior segurança, incluí-los na intervenção, tornando-a mais exequível e efetiva.

Não existem perguntas definidas a serem formuladas aos pais para se chegar à estimativa da probabilidade de sucesso de uma intervenção, na qual estejam envolvidos. O psicólogo para ter uma ideia sobre esses pontos deve se apoiar em elementos menos objetivos do que em respostas dadas pelos pais. Suas conclusões terão de ser derivadas de sua observação do comportamento dos pais, nos contatos que com eles mantiver, tanto durante as entrevistas quanto fora delas. A forma de reagirem nas situações das várias entrevistas (obediência a horário, regularidade nas sessões, participação, etc.) e de descreverem suas experiências anteriores no sentido de modificarem o problema por eles trazido, bem como a forma de reagirem com o filho (solícitos ou hostis) fora da situação de entrevista (na sala de espera, por exemplo) e às solicitações do psicólogo (no sentido de responderem questionários, procederem ao registro em casa, etc.) poderão auxiliar nessa avaliação. Pode-se, portanto, dizer que pais com alto potencial de mediação demonstram-no por suas atitudes (assiduidade, pontualidade, cooperação). Segundo alguns estudiosos, o teor das verbalizações dos pais também permite ao psicólogo estimar o referido potencial. Quanto mais centrado no problema e menos tangencial, maior o potencial de mediação, de acordo com Haynes (1978).

Um atendimento relatado por McCammon e Palotai, no livro deste último autor (HAYNES, 1978), explicita os pontos levados em conta pelos terapeutas para estimar o potencial de mediação do caso que atendiam. As entrevistas foram conduzidas pelo terapeuta com os avós da criança. O caso referia-se a uma garotinha encaminhada por mau desempenho escolar por não permanecer sentada em classe e por responder questões que não eram a ela dirigidas. Os avós eram tutores da menina e de sua irmã mais velha, ambas, filhas da única filha que haviam tido. A percepção que tinham da neta encaminhada para atendimento era muito ruim, ao contrário da que possuíam acerca de sua irmã. Ao comentar o potencial de mediação desses avós tutores, os terapeutas o consideraram baixo em função das dificuldades dos avós:

1) para chegarem no horário combinado para as entrevistas;

2) para se perceberem como colaboradores na manutenção dos comportamentos problemáticos da criança;

3) para terem uma percepção acurada das netas;

4) para atenderem aos pedidos feitos pelos psicólogos de registro dos comportamentos da neta e

5) para discutirem a interação com a filha deles e a própria relação conjugal.

Assim, embora pensassem em incluir os avós no tratamento da criança, os clínicos viam com restrições a evolução do caso em função do baixo potencial de mediação. Em decorrência, incluíram entre as recomendações de tratamento, além do ensino de técnicas de controle aos avós e às crianças, uma proposta de ensino de autoreforçamento para os cuidadores.

1.9 Descobrindo os pontos fortes da criança

Ao contrário do movimento quase natural de iniciantes em trabalho com famílias, o manejo do comportamento da criança vai se direcionar muito mais para a aquisição de comportamentos alternativos positivos e incompatíveis com os alvos da queixa, do que para a eliminação dos comportamentos problemáticos. Este movimento desejável tem como base de apoio a definição dos pontos fortes do repertório infantil pelo terapeuta em conjunto com os pais.

Um caso infantil de mutismo eletivo por nós atendido mostra a importância de se descobrir os pontos fortes da criança para delinear os caminhos da intervenção. Tratava-se de uma menina de nove anos de idade que, segundo os pais, nunca falava em ambientes públicos (escola, igreja, supermercado, etc.) ou em situações familiares se estivesse presente uma pessoa estranha. Isto acarretava grandes limitações sociais a ela e também a seus familiares, pois nem ajudá-los em pequenas tarefas domésticas, externas à casa, ela podia, visto que quase todas implicavam trocas verbais. Nas entrevistas iniciais com os pais, quando perguntávamos o que a criança fazia muito bem, eles descreveram que as brincadeiras favoritas da menina eram: brincar de escolinha e fazer karaokê. Eles se prontificaram, inclusive, a gravar em cassete tais situações em casa para ilustrar o que diziam e o que foi feito. Era marcante a diferença entre o comportamento da menina registrado em casa, através de um gravador, e o observado na escola pelos estagiários envolvidos com o caso. Os comportamentos de cantar fazendo karaokê e brincar de escolinha constituíram os pontos de partida para iniciar o processo de verbalização em público. Isto é, foi pedido aos pais que trouxessem o irmão da criança na primeira entrevista dela com o terapeuta, e foram colocados materiais que possibilitassem duas brincadeiras entre ela, o irmão e o terapeuta: karaokê e escolinha. Descobrir os pontos fortes da criança, além de fornecer pistas sobre como iniciar a intervenção, também demonstra o quanto o comportamento problemático já se encontra generalizado, ou seja, permite aquilatar a abrangência deste mesmo comportamento. Um atendimento relatado por Gross & Wisted (1993) põe em evidência este último ponto. No caso, os psicólogos primeiramente identificaram, em entrevista com a mãe de um menino de oito anos encaminhado por "rebeldia", quais eram os problemas da criança. Ela apresentava dificuldades em seguir as instruções dadas pela mãe, especialmente no que tangia a elaboração de suas tarefas escolares, brigas com o irmão na disputa do programa de televisão a ser assistido e pouca interação com todos os elementos da família. Ao ser indagada sobre os pontos fortes do menino, a mãe disse que ele interagia muito bem com os seus colegas e também se comportava como um homenzinho gentil durante os períodos de férias, ocasião em que não havia deveres escolares para serem feitos. Uma vez que os problemas dele eram mais frequentes em casa, o programa de intervenção voltou-se principalmente para esse ambiente.

A consideração aos pontos fortes da criança parecem fazer com que Mc Conaughy (2013) inclua na entrevista clínica com os pais, crianças e professores, alem da investigação sobre os problemas de comportamento e emocionais da criança, questões sobre outras áreas de funcionamento (como funcionamento social, interpessoal, relacionamento familiar, com pares, ajustamento escolar, envolvimento na comunidade, etc), independente de o tipo de queixa sobre a criança ser ou não relativa a déficit nessas áreas.

1.10 – Levantando dados do desenvolvimento infantil e da evolução do caso

Embora não haja consenso sobre a ênfase a ser dada na coleta dos dados históricos de um caso, cada vez mais se considera necessário fazer esse levantamento, de maneira a melhor avaliar o problema infantil e poder promover os dois tipos de análise funcional, a que nos referimos acima. O histórico da evolução do problema e sua ligação com o desenvolvimento evolutivo da criança poderão fornecer os elementos necessários para melhor compreender as relações entre os comportamentos problemáticos da criança e suas relações com os comportamentos dos demais elementos de sua relação familiar.

1.11 Definindo os comportamentos infantis alternativos como objetivos do trabalho psicológico

Se as etapas anteriores da entrevista foram bem desenvolvidas, essa última será uma decorrência quase natural. Assim, tomando-se a identificação do(s) comportamento(s) problemático(s) previamente definidos como ponto de partida, a definição dos comportamentos alternativos será uma questão de simplesmente explicitar os comportamentos opostos e incompatíveis com eles. Para ilustrar, voltemos ao caso imediatamente acima citado no qual terapeuta e mãe, ao final da entrevista, definiram como objetivos do trabalho desenvolver os seguintes comportamentos alternativos: aumento da realização dos deveres escolares, diminuição do número de brigas pela televisão e inclusão de uma conversa diária de no mínimo cinco minutos entre a mãe e seu filho. O leitor pode se reportar à seção anterior e verificar como a queixa foi definida através dos referentes comportamentais, exatamente em oposição aos comportamentos aqui listados.

1.12 A entrevista de *feedback* do psicólogo com os pais

Por tudo que até agora foi exposto, podemos concluir que a entrevista com os pais tem por objetivos definir e implantar as estratégias de intervenção. Para alcançar estas metas, após a elaboração da análise funcional do caso e da mensuração dos comportamentos-alvo da queixa, é muito importante discutir, em entrevista, o que se pretende fazer. Pode-se, com Sanders

& Lawton (1993), pensar o desenvolvimento desta entrevista em três estágios, segundo a prioridade dos seus objetivos, quais sejam:

1) Transferir para os pais a informação obtida com os instrumentos de avaliação utilizados no processo de diagnóstico infantil;
2) Chegar, com os pais, ao estabelecimento consensual das "causas" dos problemas infantis, que os levaram até à clínica;
3) Discutir as formas de superar o problema e o modo de implantá-las na prática.

Claro está que, para alcançar estes três estágios, o psicólogo precisará discutir os dados obtidos no processo diagnóstico. Nesta discussão, à medida que for apresentando e interpretando os dados para os pais, o psicólogo agirá à luz de suas concepções causais hipotéticas sobre os mesmos, tomando o cuidado de justificá-las para obter consenso com a família. Evidentemente, essas hipóteses serão listadas gradualmente e apresentadas em associação com o provável curso do desenvolvimento do problema. É conveniente frisar que tais hipóteses, derivadas dos dados coletados e da experiência do psicólogo com o problema em questão, deverão ser apresentadas com base nos dados colhidos. Elas necessitam ser partilhadas com os pais, de modo a se poder implantar, na prática, as formas sugeridas pelo profissional para superar as dificuldades da criança (para maiores informações sobre como proceder na entrevista de *feedback*, vide capítulo 8).

6
ENTREVISTANDO A CRIANÇA ENCAMINHADA PARA ATENDIMENTO PSICOLÓGICO

Na primeira edição deste livro (em 1998) assentamos a necessidade de se entrevistar a criança encaminhada para tratamento psicológico considerando ser recente o aceite desse tipo de entrevista na prática comportamental. Na ocasião, reconhecíamos não ser possível estranhar que O'leary, em 1979, afirmasse ser importante entrevistar a criança mas, pouco valor informativo poderia ser atribuído às entrevistas do psicólogo com ela. O contato com a criança era importante, no ponto de vista do referido autor, fruto mais da necessidade de se manter com ela um bom *rapport*, tendo em vista o trabalho terapêutico a ser desenvolvido, do que por outro motivo qualquer. Ser um elemento de *rapport* com a criança é um dos papeis da entrevista clínica infantil mais reconhecidos até os dias de hoje pela maioria dos *experts* da área (por ex: MERREL, 2008; MC CONAUGHY, 2013), para os quais, alem disso, a entrevista clínica com a criança pode ser considerada como um componente essencial da avaliação clínica multidimensional.

Felizmente, como já reconheciam Edelbrock & Costello (1984), a atitude positiva com relação à entrevista clínica infantil gradativamente se alterou ao longo do tempo e a manifestação dessa mudança pode ser vista através de duas tendências bem marcantes: o aumento da estrutura e da especialização da entrevista e, ainda, uma mudança na visão da criança, a qual passa a ser vista mais como informante de seus próprios sentimentos, comportamentos e relacionamento social. Assim, para os citados autores, muita informação que tradicionalmente dependia do relato dos adultos, vinha como vem até hoje, sendo fornecida também pela criança. Esse ponto é enfaticamente aprovado por Gross (1984), o qual levanta vários estudos sobre a concepção de distúrbios de comportamento infantil e de atribuição de causalidade por parte de crianças em diferentes estágios do desenvolvimento, associados a estudos de eficácia de tratamento. O reconhecimento da associação entre as concepções causais e os diferentes resultados de uma intervenção, fornece evidência empírica da necessidade da participação ativa da criança no seu próprio processo diagnóstico/terapêutico. Hoje, a maioria dos psicólogos infantis reconhece esse valor e busca eliminar os fatores deletérios que impedem o desenvolvimento de uma boa entrevista com a criança. Tal como no caso dos pais e professores, quando a criança já tem 11 anos é costume solicitar-lhe – antes mesmo da primeira entrevista – que preencha um questionário sobre sua percepção do seu próprio comportamento. Estamos nos referindo ao YSR, de Achenbach (1991b). Este instrumento fornece várias informações ao psicólogo e auxiliam-no nas entrevistas com a criança e principalmente podem ser quantificadas com uso de um software produzido nos Estados Unidos por ASEBA (http://www.aseba.org/). Não é demais repetir que tais informações podem ser úteis para comparar os perfis obtidos por diferentes informantes com o fornecido pela própria criança. Além disso, pode-se comparar sua posição (clínica x normal) com os dados normativos obtidos em estudos nacionais (ROCHA, 2012). A entrevista clínica comportamental com a criança é especialmente importante quando o psicólogo centra sua ajuda na interação que com ela estabelece. Sua importância, porém, será menor quando o psicólogo baseia muito dessa ajuda nas interações que estabelece com os pais e não apenas com ela. Isto é, quando se trabalha dentro de um modelo triádico, a ênfase sobre o papel deste instrumento é diluída (para maiores informações, vide SILVARES, 1995a). Dentro desse modelo, há um terceiro elemento no processo terapêutico, além da criança e do clínico: os pais. Se o psicólogo, porém, reconhece que as interações diretas mantidas com a criança favorecem não só o *rapport* com ela, mas também com sua família, envida todos os esforços para manter nas entrevistas com o cliente infantil um padrão de interação altamente reforçador. Nestes esforços, os psicólogos, na maioria das vezes, reconhecem a necessidade de entremear a entrevista com jogos infantis, ponto também reforçado por La Greca & Stone (1992) e Mc Conaughy (2005; 2013).

A partir das considerações de Wells (1988) sobre os três tipos possíveis de crianças encaminhadas às clínicas psicológicas e sobre o fato de que não é o comportamento delas o principal fator para seu encaminhamento, a entrevista com a criança tem sido uma obrigação no trabalho do psicólogo infantil, independente do modelo de intervenção por ele priorizado. Não é demais lembrar, com Wells, que a criança encaminhada para acompanhamento psicológico pode ser:

1) uma criança problemática, comportamental e emocionalmente falando, cujos pais têm percepção acurada do seu comportamento;

2) uma criança problemática do ponto de vista comportamental e emocional, mas com pais cujas percepções parecem mais baseadas no desajustamento pessoal deles do que no comportamento apresentado pelo(a) filho(a);

3) uma criança não problemática, filha de pais cujas percepções sobre o comportamento dela não são acuradas em virtude de três fatores principais: a) seus próprios desajustamentos pessoais; b) sua baixa tolerância ao estresse ou c) seus altos padrões de aceitabilidade comportamental.

Muito antes de Wells (op.cit.) ter chegado a essas conclusões, Wahler & Cormier (1970) mostraram, com um relato comportamental de caso, a importância de se entrevistar a criança. O resultado é demonstrado através de três tabelas de contingências de três termos, resultantes das entrevistas com a criança, seus pais e sua professora, tabelas estas mostradas pelos autores e reproduzida por Silvares & Pereira (2011) ao descreverem um caso. Denominada Willie, a criança havia sido encaminhada para atendimento em virtude de uma classe de comportamentos-problema, um quadro psicológico que hoje podemos classificar como ansiedade de separação de seus pais. Pelos comentários dos autores, percebe-se que a intenção deles, com as entrevistas, não era a de chegar a essa classificação, pois nem se referem a ela. Nós é que, pela descrição operacional dos comportamentos infantis problemáticos, podemos com relativa segurança discriminar o transtorno. O objetivo das entrevistas era, a nosso ver, reduzir a discrepância de opiniões acerca dos problemas infantis e definir os ambientes onde a intervenção deveria ser levada a efeito. No caso, Willie concordava com os pais e com os professores sobre a maioria dos comportamentos, por eles considerados problemáticos (na escola, por exemplo: reclamação da criança à chegada, no início do período escolar, choro e reclamação sem motivo aparente durante horário escolar e choro em virtude de zombaria dos colegas durante o período de recreação; em casa: reclamação de dores à hora de sair para a escola, morosidade ao se vestir pela manhã, recusa em sair para a escola, recusa em fazer os deveres escolares de forma completa, busca contínua pela mãe, voltas frequentes à casa quando brincando nas proximidades, interrupção da mãe, quando esta estava ajudando o irmão e dificuldade em ir para a cama sozinho). Willie apenas discordava de seus pais quanto às consequências sociais de seus comportamentos e à ocorrência de alguns deles (como "checar" se a mãe está em casa ou em ir para a cama sozinho).

Apesar de esses autores nada terem dito acerca do relacionamento por eles estabelecido com a criança nas entrevistas, fica patente que esse relacionamento foi muito favorável em virtude da riqueza de informações por eles obtidas. Fica claro ainda, pelo caso descrito, que o psicólogo infantil busca também analisar, com a própria criança, os antecedentes e consequentes de tais comportamentos, para confirmar a análise funcional hipotética por ele levantada na entrevista com os pais. Aliás, os cinco primeiros pontos levantados no capítulo anterior, considerados de importância para os pais, o são também no caso da criança.

Em geral, para o esclarecimento junto à criança daqueles pontos já colocados, o psicólogo inicia com a pergunta clássica: "Você sabe o motivo de sua vinda à clínica?" ou "Por que os pais lhe trouxeram para conversar com um psicólogo?"

Tem sido bastante útil conversar sobre a necessidade desse esclarecimento da criança com os pais, antes de eles a trazerem para a primeira entrevista com o psicólogo. Em alguns casos, é preciso orientar explicitamente os responsáveis pela criança, no sentido do que devem dizer para ela sobre o fato de terem procurado a clínica psicológica, para resolver um problema a ela relativo. Fruto de nossa experiência, podemos ainda dizer que tem se mostrado de utilidade também, tanto para os pais como para as crianças, a leitura de um livro infantil destinado aos pequenos que passam pelo processo terapêutico: O primeiro livro da criança sobre psicoterapia (NEMIROFF & ANNUNZIATA, 1996).

Embora seja evidente a grande diversidade entre os psicólogos clínicos infantis sobre as formas de interação com as crianças durante as entrevistas, listamos abaixo algumas sugestões, dadas por Kanfer et al. (1992), quanto aos tipos de padrões verbais desejáveis ou habilidades gerais de comunicação com crianças. Estas não devem ser tomadas ao pé da letra, mas como diretrizes passíveis de serem seguidas.

Para Kanfer et al. (1992), o psicólogo clínico deverá estabelecer um bom *rapport* com a criança observando, no período de entrevistas, as recomendações abaixo:

1) Afirmações descritivas do comportamento atual ou forma de sua apresentação pessoal presente (exemplo: "A casa que você desenhou parece o Castelo Ratimbum!" ou "Como o seu vestido é amarelo e colorido!"). Estes tipos de verbalizações auxiliam a focalizar o objeto de atenção infantil e os aspectos que aparentemente lhe trazem interesse;

2) Afirmações "ecóicas" do que foi dito pela criança, afirmações estas que também ajudam a organizar as descrições e os pensamentos infantis. Por

exemplo: após a criança ter pedido ao terapeuta que lhe passasse o lápis preto, este diz: "Você está precisando de um lápis escuro para pintar seu desenho?"

3) Descrições elogiosas do que a criança faz ou diz, como por exemplo: "Que legal você estar me contando isto que lhe aconteceu!"; tais verbalizações fornecem pistas à criança sobre a direção aprovada pelo terapeuta;

4) Questões abertas favorecem a comunicação, além de possibilitar à criança chegar as suas próprias conclusões e não ser direcionada pelo terapeuta (ao invés de: "Você gosta de brincar de quebra-cabeças?", dizer "De qual brinquedo você gosta mais?" Ou então, no lugar de dizer: "Você se lembra de alguma coisa sobre isto?", dizer "O que você consegue lembrar acerca disto?");

5) Afirmações não críticas são sempre preferíveis às críticas, mesmo aquelas que podem direta ou indiretamente sugerir que a criança está fazendo algo errado, como: "Eu sei que você poderia se sair melhor na escola". Este último ponto, entretanto, não deve sugerir que o terapeuta deva assumir uma atitude de permissividade. Uma boa forma de estabelecer regras nas sessões de entrevistas com a criança é defini-las logo no início, como sendo regra do espaço a ser utilizado.

Kanfer et al. (1992) auxiliam, ainda, ilustrando como podem ser contornadas situações nas quais aparecem comportamentos infantis negativos ou potencialmente perigosos para ela, tais como: bater a cabeça na parede, atirar coisas no terapeuta, desenhar ou subir na mesa. Embora não haja regras definidas de reação para cada uma dessas situações, as formas descritas pelos autores poderiam ser lembradas como sugestivas. Assim, no primeiro caso, ao invés de dizer para a criança parar de bater a cabeça, sugerir que venha brincar perto dele(a). No segundo caso: ao invés de dizer que não gosta que joguem os blocos no chão, dizer firmemente que os blocos devem ser colocados na caixa ou ainda, dizer para a criança desenhar no papel para depois poder levar para casa. Esta forma alternativa mostra-se mais adequada do que dizer para ela não desenhar na mesa. No caso em que a criança subiu na mesa depois de ter ignorado o fato, quando ela descer comentar que é mais seguro quando ela fica com os pés no chão.

A tendência de atribuir à criança um papel mais ativo na intervenção clínica comportamental é perceptível pelo que descrevemos até aqui, assim como pelo aumento de entrevistas estruturadas com os pequenos clientes, referidas na literatura especializada mais recente.

Como é do conhecimento do leitor, a entrevista estruturada apresenta uma lista de comportamentos e eventos a serem cobertos durante a entrevista com a criança. Além disso, contempla algumas regras a serem seguidas de modo a conduzir a entrevista e registrar os dados, regras estas fáceis e que não necessitam de treino para serem obedecidas.

Um exemplo de entrevista semiestruturada com a criança é fornecido por Achenbach & Mc Conaughy (1990; 1997). A "Entrevista Clínica Semiestruturada para Crianças e Adolescentes", [versão brasileira da *Semi-structured Clinical Interview for Children and Adolescents* (SCICA)] consiste em um roteiro para uma entrevista clínica semiestruturada, cujas questões seguidas à risca ou apresentadas ao modo do entrevistador, em tempo estimado de 90 minutos tem o objetivo de avaliar crianças e adolescentes (entre seis e 18 anos). Ela abrange nove amplas áreas do funcionamento infantil, a saber: (1) Atividades, escola, emprego (idades de 12-18); (2) Amigos; (3) Relações familiares; (4) Fantasias; (5) Auto-percepção, sentimentos; (6) Problemas relatados pelos Pais/Professor; (7) Testes de Desempenho - Teste de Matemática e Teste de Reconhecimento de Leitura (opcionais); (8) Para as idades entre seis e 11 anos: Anormalidades na motricidade fina e grossa (opcional); e (9) Para as idades entre 12 e 18 anos: Queixas somáticas, álcool, drogas e problemas com a lei.

Ao final dessa entrevista o entrevistador pode avaliar quantitativamente, segundo uma escala de quatro pontos, os comportamentos da criança em dois formulários: Formulário de Observação (FO) e Formulário de Autorrelato (FA). O Formulário de Observação é composto por 120 itens a serem avaliados para as idades entre seis e 18 anos. Este formulário contém itens que descrevem problemas comportamentais e emocionais que podem ser observados durante a entrevista, tais como "Não consegue parar sentado(a), é irrequieto(a) ou hiperativo(a)", "Falta de confiança ou faz observações autodepreciativas", e "Fala demais". Há também um item adicional que permite o registro de até três problemas observados durante a entrevista. O Formulário de Autorelato contém 114 itens que descrevem os problemas relatados pela criança/adolescente, mais o item 247 para o registro de até três problemas adicionais relatados pela criança durante a entrevista. Alguns exemplos dos itens de autorelato são "Relata ser alvo de provocações", "Relata ser desobediente em casa", e "Relata não conseguir concentrar-se ou prestar atenção por muito tempo". Para as idades de 12 a 18 anos, há 11 itens a mais de autoresposta (item 236 a item 246) sobre outras queixas somáticas, uso de drogas, e problemas com a Lei. Para pontuar quantitativamente o cliente, o entrevistador deve seguir algumas diretrizes

As avaliações realizadas no Formulário de Observação (FO) são agrupadas em cinco escalas: (1) Ansiedade, (2) Retraimento/Depressão, (3) Problemas Motores/de Linguagem, (4) Problemas de Atenção e (5) Problemas de Autocontrole. A pontuação obtida no Formulário de Autorrelato

(FA) é agrupada em três escalas: (1) Ansiedade/Depressão, (2) Agressividade/Violação de regras e (3) Queixas Somáticas (para adolescentes com idade entre 12-18 anos). A soma das escalas Ansiedade^{FO} e Ansiedade/Depressão^{FA} compõem a Escala de Internalização (EI) e a soma das escalas Agressividade/Violação de regras^{FA}, Problemas de Atenção^{FO} e Problemas de Autocontrole^{FO} compõem a Escala de Externalização (EE). Além destes agrupamentos de escalas, a soma de todos os itens de problemas de comportamento observados e de autorelatos fornecem um Total de Problemas Observados (TPObs) e um Total de Problemas Autorelatados (TPAuto).

Sugere-se que o psicólogo entrevistador grave as sessões de entrevista com a criança em videocassete ou gravador para sua posterior análise. Um protocolo com as subáreas incluídas em cada seção acima poderá facilitar essa análise.

Essas entrevistas semiestruturadas (SCICA) podem ter seus itens também digitalizados pelo entrevistador, utilizando o mesmo software que é utilizado para quantificar os dados obtidos por outros instrumentos ASEBA (por exemplo: CBCL, YSR, etc). Isto permite, ao final, uma comparação gráfica das opiniões da própria criança objeto de investigação clínica, com as demais opiniões dos diferentes agentes sociais com os quais ela tem contato. (Para maiores informações, vide EMERICH, 2013)

Kanfer et al. (1992), ao considerarem os tópicos a serem abordados pelo terapeuta na entrevista com a criança, recomendaram que o clínico dispusesse de um *checklist* dos tópicos possíveis. Os diversos protocolos, descritos na literatura da área, cumprem este papel. De posse deste roteiro, o profissional pode selecionar o que julgar mais importante para melhor compreender a criança e os motivos que lhe estão trazendo dificuldades. Em nossa interação com as crianças, temos seguido a estrutura sugerida por estes autores: início, aquecimento, levantamento de informações e final. Estes pesquisadores propõem, ainda, várias estratégias a serem adotadas pelo psicólogo para melhorar sua interação com a criança durante cada etapa da entrevista.

As etapas da entrevista

O início

Ocorre, na maioria das vezes, na sala de espera (local extremamente valioso para observações por parte do terapeuta sobre aparência, coordenação, humor, nível de atividade, de interação com pais, com estranhos, etc.).

Em geral, no primeiro encontro com a criança, o terapeuta diz seu nome e a convida para vir até a sala de brinquedos, próximo à sala de espera, deixando uma tarefa para os pais realizarem enquanto a esperam. Normalmente, este é o momento em que preenchem os formulários sobre o comportamento da criança, pois desta forma garante-se o retorno dos questionários no tempo mais breve possível.

O enquadramento

Os primeiros minutos da entrevista poderão parecer estranhos tanto para a criança como para o terapeuta iniciante. Usualmente, a criança procura segurança no adulto sobre o que irá ser feito. Facilitará o desenvolvimento da entrevista se o terapeuta formalizar a estrutura do processo, dizendo quem ele é (como profissional) e perguntando qual ideia a criança tem sobre a razão de sua vinda até o local. Em seguida, o psicólogo esclarece de que forma pretende desenvolver o trabalho com ela e garante a confidencialidade do que lhe for confiado pela criança. Este aspecto pode ser dispensado para as crianças pré-escolares.

Obtendo informações

Tão logo o processo de relacionamento tenha se iniciado, o clínico poderá buscar alcançar as informações já mencionadas. A entrevista estruturada poderá servir de *checklist* sobre os principais pontos a serem abordados.

Fechamento

Tal como é feito com adultos, uma vez abordadas as áreas relevantes, é importante demonstrar à criança o entendimento a que se chegou sobre sua vinda à clínica. Usualmente, um sumário verbal do que foi ouvido e entendido deve ser feito para a criança, especialmente para as mais velhas.

7

ENTREVISTANDO OS PROFESSORES DA CRIANÇA ENCAMINHADA PARA ATENDIMENTO PSICOLÓGICO

Embora o escopo desta seção não seja menor do que o das anteriores, seu conteúdo será de tamanho inferior, pois muito do conteúdo da entrevista com os pais da criança encaminhada para atendimento psicológico se aplica também aos professores, e não iremos nos repetir. Isto também é verdadeiro para as razões que respaldam a entrevista com esses agentes sociais quando se trabalha clinicamente com a criança, pois os mesmos motivos que determinam as entrevistas com os pais aplicam-se aos professores (vide cap. 5). Pretendemos aqui apenas chamar a atenção, através de exemplos, sobre dois destes motivos, após algumas considerações iniciais sobre o tema.

Em nossa experiência com crianças encaminhadas para as clínicas-escola brasileiras de Psicologia tem sido rotina, ao atendê-las, ir até sua escola e entrevistar seus professores, especialmente se a queixa responsável por seu encaminhamento estiver vinculada ao ambiente escolar ou ela tiver sido encaminhada por um de seus professores. Tem sentido este nosso procedimento visto que, como já afirmamos no primeiro capítulo, são estes mesmos professores a primeira fonte responsável pelo encaminhamento das crianças para as clínicas-escola, sendo grande o número de crianças que são encaminhadas com a queixa de dificuldade escolar (ANCONA-LOPES, 1983; SILVARES, 1991; BARBOSA & SILVARES, 1994; SCHOENFELDT & LONGHIN, 1959). Esta nossa rotina sugere, portanto, que nos casos clínicos infantis, cujo encaminhamento se deu pela escola, a entrevista com os professores constitui uma necessidade a ser atendida logo nos primeiros momentos da avaliação psicológica.

Entenderemos melhor o que afirmamos anteriormente se considerarmos o que já foi explicado nos outros capítulos, ou seja, as entrevistas, processadas com diferentes agentes sociais ao se trabalhar com a criança encaminhada para atendimento psicológico são realizadas para responder a duas perguntas básicas:
1) Esta criança de fato precisa de atendimento psicológico?

Caso esta primeira pergunta seja respondida positivamente, então:
2) Qual a melhor forma de auxiliá-la?

A resposta a estas duas questões, no caso dos professores, é de vital importância, considerando-se os vários estudos que demonstram como a percepção da criança pelos professores é profundamente determinada por fatores extraordinários à criança (e.g. BROPHY, 1983; ZIMMERMAN, 1995).

Nessa medida, ao entrevistar os professores sobre a criança encaminhada, as indagações devem estar voltadas não só para o(s) comportamento(s) que motivou(aram) o encaminhamento, mas também para a percepção de causalidade da conduta, na visão do professor. Assim, da mesma forma que na entrevista dos pais, deve-se primeiramente verificar a procedência do encaminhamento, isto é, verificar se de fato o(s) comportamento(s)-alvo da queixa ocorre(m) com intensidade e frequência que justificam a intervenção clínica, bem como se ocorrem em mais de um ambiente além da casa da criança. Além disso, se a partir da entrevista com o professor for julgado que é válida uma intervenção na escola, o psicólogo deverá procurar investigar os antecedentes e consequentes do(s) comportamento(s)-alvo da queixa, como também verificar a que se deve(m) o(s) comportamento(s) da criança identificado(s) como problemático(s), na opinião do professor. Tem sido bastante útil, em nosso trabalho psicológico com crianças, solicitar ao professor que responda um questionário sobre o comportamento da criança. Trata-se da forma para o professor dos questionários sobre avaliação do comportamento infantil (TRF), de Achenbach (1991c). Este instrumento fornece várias informações ao psicólogo sobre a percepção que ele tem da criança e auxiliam-no nas entrevistas com ela e, principalmente, podem ser quantificadas, conforme já foi dito, com uso de um software produzido nos Estados Unidos por ASEBA (http://www.aseba.org/). Não é demais repetir que os perfis com os questionários preenchidos pelo professores podem ser úteis para comparar os perfis obtidos por outros informantes, bem como com a informação fornecida pela própria criança e, especialmente, comparar sua posição (clínica x normal) com os dados normativos obtidos em outros estudos (como por exemplo, ver ROCHA et al. 2012). Para maiores informações, o leitor interessado pode dirigir-se ao Departamento de Psicologia

Clínica da USP, onde temos exemplares destes questionários e o programa para computá-los. Este questionário, entretanto, apenas identifica as áreas problemáticas para a criança em questão, mas não fornece pistas sobre os determinantes. A oportunidade da entrevista com o professor mostra-se, portanto, uma excelente ocasião para não só obter informações sobre as percepções acerca da criança como também para observar o comportamento do cliente infantil em interação com os colegas e professores. Isto porque, uma vez confirmadas as condutas problemáticas pela observação direta naquele ambiente escolar, e, ainda, identificados os fatores responsáveis pelos comportamentos-alvo da queixa, deve-se avaliar se o professor poderá ser um mediador em nosso trabalho com a criança (para melhor entendimento da expressão "mediador", consulte SILVARES, 1995b).

Mc Cammon & Palotay (1978) ilustram os pontos acima ao descreverem um caso de uma menina de sete anos, criada pelos avós, encaminhada para uma clínica universitária. Ela foi encaminhada em virtude de não parar sentada em classe e não acompanhar as aulas, além de entrar em choques frequentes com os colegas e responder questões não dirigidas a ela, em classe. Como a menina tinha vários professores, os psicólogos encarregados do caso entrevistaram todos e puderam:

1) perceber através da observação direta de seu comportamento em classe, a procedência da queixa (ela, de fato, se comportava de acordo com o que foi anteriormente descrito);

2) verificar com qual de seus professores poderiam contar para um trabalho complementar ao delineado em consultório; essa avaliação foi realizada após várias sessões de análise do caso, que incluíram, além da entrevista dos avós (tutores da criança), a observação do comportamento da criança na clínica, em casa e na escola.

Nas entrevistas realizadas com os professores, eles puderam perceber que havia um deles com o qual poderiam contar no processo de mediação da intervenção com a criança. Este professor não objetava aos procedimentos comportamentais de mudança de conduta, uma vez que ele mesmo ocasionalmente fazia uso deles. Já os demais, além de não aprovarem o uso de estratégias comportamentais com o objetivo de alterar a conduta da criança, atribuíam a causa do comportamento à excessiva atenção dada a ela pelos avós. Assim, entre as recomendações de tratamento para o caso, os autores incluíram, como uma das várias estratégias a serem seguidas na intervenção, um programa de consulta aos professores (dependendo do interesse deles) de modo a facilitar o uso mais efetivo dos princípios de aprendizagem em sala de aula. De acordo com os autores, esses programas poderiam ser dirigidos à melhoria da interação social da criança e à melhoria de seu comportamento acadêmico em sala de aula.

No caso acima analisado, Mc Cammon e Palotai puderam, portanto, verificar não só que a criança encaminhada era merecedora de atenção psicológica, como também – a partir da entrevista com os professores – definir estratégias comportamentais a serem implantadas na escola de modo a melhor auxiliar a cliente, estratégias estas que só poderiam ser desenvolvidas se houvesse interesse por parte dos professores.

Nem sempre temos obtido igual sucesso ao entrevistar professores no processo de atendimento psicológico a crianças encaminhadas à clínica-escola, no Brasil.

Nossa recepção pelas professoras nas escolas geralmente ocorre de três formas principais, duas das quais pouco satisfatórias, embora nem sempre o sejam de modo idêntico. Vejamos, primeiramente, as insatisfatórias e mais comuns, para, a seguir, apreciar as menos frequentes, porém mais eficientes.

Na maioria das vezes, o máximo que conseguimos de informação sobre o comportamento da criança na escola reduz-se ao preenchimento, pelos professores, de dois TRFs. Normalmente, temos conseguido que o professor nos preencha um destes questionários antes de iniciarmos a intervenção e outro no final do trabalho psicológico desenvolvido com a criança apenas na clínica. Nesses questionários, obtemos dados quantitativos e sintéticos acerca do desempenho social e dos distúrbios de comportamento da criança, na percepção do professor. Pela comparação dos índices obtidos através da análise das respostas dadas aos questionários em dois diferentes momentos, pode-se ter uma visão objetiva da melhora ou da piora da criança, segundo a percepção de seu professor antes e depois da intervenção clínica. Como na maioria das vezes o professor só coopera conosco preenchendo os questionários, as diferenças observadas entre o primeiro e o segundo formulário preenchido não podem ser atribuídas ao trabalho do professor. Se há dificuldades quanto à validade interna para poder atribuir as diferenças observadas à intervenção psicológica, certamente elas não poderiam derivar do auxílio prestado ao psicólogo, pois esta colaboração, em termos objetivos, foi muito exígua (para maiores esclarecimentos acerca destes pontos, consultar KAZDIN, 1982).

Pelo exposto acima, podemos concluir que grande parte dos professores reage como se o trabalho do psicólogo pudesse se desenvolver isolada e independentemente do dele ou pouco tivesse a ver com o que é realizado em classe.

Outra reação comum por parte dos professores brasileiros com os quais temos tido contato através da clínica-escola é a de julgar o fato de a criança estar em atendimento psicológico como razão suficiente para ocorrer uma melhoria total em seu comportamento. Há ocasiões em que o trabalho de intervenção nem mesmo teve início e o professor reage como se o programa já tivesse alcançado seus objetivos.

Essas duas reações, as quais não auxiliam a criança-cliente, também não constituem uma exclusividade da cultura brasileira; encontramos atitudes similares em outros países, como a que relatamos a seguir.

Mcauley (1986) descreve um caso em que atendeu uma criança vítima de agressão por parte dos pais. Trata-se de um exemplo em que a relação entre a clínica psicológica e a escola não transcorreu da forma desejável, embora também não se aproxime das formas de reação por nós descritas. O autor relata que, pouco tempo depois de definidas as estratégias de intervenção implicando o intercâmbio entre escola e família, foi constatado que a professora encaminhava aos pais, como informação do desempenho escolar infantil, dados errôneos acerca do comportamento da criança. Ao buscarem as motivações para o fato, descobriram que a professora temia que a família não tivesse adquirido controle suficiente de seu comportamento e pudesse voltar a espancar a criança, por ocasião de um eventual mau desempenho. Como somente a mudança de atitude da professora ou da escola poderia levar à melhoria comportamental da criança e isto não ocorreu, a transferência da criança para outra escola foi a consequência natural da continuidade do caso.

Nenhuma dessas reações dos professores nos deixa satisfeitos. Nossa atitude, como psicólogos clínicos, tem sido sempre a de buscar uma ação conjunta entre clínica, escola e família, a qual, se concretizada, traz como resultado grande melhoria no comportamento da criança. Esta ação conjunta, em geral, acontece quando a escola é melhor estruturada em termos psicopedagógicos ou a direção vê de modo positivo uma relação entre psicólogos e professores.

Inúmeros trabalhos realizados com crianças impulsivas fora do Brasil têm demonstrado que o intercâmbio com a escola e a família traz benefícios importantes para elas (e.g. KAZDIN,1985; KENDALL & BRASWELL,1989). O mesmo efeito pode ser relatado para o caso de crianças agressivas (e.g. PATTERSON et al., 1992; WEBSTER & STRATTON, 1991).

No Brasil, tivemos também oportunidade de estabelecer um bom contato com os professores quando tentávamos auxiliar crianças com diferentes tipos de distúrbios (e.g. masturbação excessiva, desatenção em classe, hiperatividade e agressividade). Nestes casos, propúnhamos sempre uma intervenção após observação direta do comportamento da criança, empreendida na maioria das vezes pelo próprio professor, tal como preconizado por estudiosos brasileiros como Mejias (1973) ou estrangeiros, como Wahler e Cormier (1970). O trabalho clínico quase sempre envolvia professores e família num intercâmbio de comunicação a favor da criança, cujo comportamento era objeto de nossa atenção.

8
A ENTREVISTA CLÍNICA DE *FEEDBACK* À FAMÍLIA

É sabido que a mudança comportamental infantil mostra-se tanto mais provável quanto mais a família compartilha da visão do terapeuta acerca da natureza do problema da criança, trabalhando junto com ele no planejamento e na execução de um programa terapêutico.

Por outro lado, tem sido cada vez mais enfatizado que a habilidade do terapeuta infantil no início do processo é uma importante variável de predição de resultado satisfatório.

Se os pontos acima são válidos no dia-a-dia do clínico comportamental, o que dizer, então, quando ele se depara com famílias que enfrentam múltiplos fatores estressantes e situações nas quais os problemas de comportamento infantil encontram-se mesclados por outras formas de problema familiar, a exemplo das famílias brasileiras de baixo poder aquisitivo?

Curiosamente, porém, muito pouco tem sido discutido sobre como proceder para garantir o envolvimento da família com o processo terapêutico desde o seu início, ou mesmo sobre a melhor forma de fazer com que as informações decorrentes da análise diagnóstica comportamental sejam transmitidas para a família. É claro que o terapeuta sabe que precisa envidar todos os seus esforços no sentido de tornar a família receptiva às concepções causais que ele formulou acerca do comportamento infantil. Isto porque reconhece a necessidade de colaboração a fim de modificar o comportamento infantil que trouxe a família até a clínica, assim como compreende, também, que os pais serão mais colaboradores com o plano terapêutico decorrente de tais concepções, somente se as acharem válidas.

Pretendemos, neste capítulo, auxiliar o leitor interessado em encontrar diretrizes para considerar esses dois aspectos, mas não temos a pretensão de ter a palavra final sobre os temas ou de garantir a originalidade nas informações que iremos veicular.

É reconhecido que há nas intervenções terapêuticas familiares três fases distintas, a saber: a fase inicial da terapia, a média e a final (LIMA, 1988). A primeira destas etapas concentra-se na análise do problema infantil e na formulação de um plano para seu tratamento. Já a segunda refere-se à implementação de tal plano e sua reformulação com base no monitoramento e avaliação dos progressos feitos pela criança. A fase final, por sua vez, focaliza o término do processo terapêutico, sendo centrais, nesta fase, as questões de generalização e de manutenção.

A Tabela 1 (extraída e adaptada de SANDERS & LAWTON, 1993) mostra os pontos centrais de cada uma dessas fases, isto é, as tarefas supostas para cada uma delas, bem como seus objetivos.

Tabela 1
Tarefas terapêuticas de cada fase da terapia comportamental

FASE INICIAL	FASE MEDIANA	FASE FINAL
Análise comportamental.	Implementação do tratamento.	Generalização e manutenção.
Formulação e teste de hipóteses.	Ensino de interação familiar positiva e habilidades de manejo familiar através de meios verbais, informação escrita e modelação.	Identificação de obstáculos à generalização (comportamentais, cognitivos, afetivos, sociais e ambientais).
Formulação do problema em termos de excessos e/ou de *déficits* comportamentais ou de controle inadequado de estímulos.	Ensaio comportamental e *feedback*.	Identificação de situações de alto risco para recaída.
Identificação de obstáculos ao tratamento e recursos disponíveis.		Resolução do problema e implantação de estratégias nos ambientes de alto risco.
Formulação inicial do plano de tratamento.	Implementação na clínica e no ambiente natural.	Especificação das contingências para retorno à terapia e para prevenir recaída.
Desenvolvimento de um relacionamento terapêutico e desenvolvimento de compromisso com a mudança.	Monitoria e avaliação do progresso.	Facilitação da independência.
Discussão dos dados de avaliação.	Uso de medidas observacionais e de autorelato para avaliar mudança nos comportamentos-alvo e não-alvo.	
Estabelecimento de entendimento mútuo sobre a natureza do problema.	Reformulação do plano de tratamento se necessário.	Esvanecimento de dicas artificiais.
Formulação de um plano de tratamento mutuamente determinado.	Renovação do ensino, com ensaio comportamental e *feedback*, se necessário.	Ensino de habilidades de automanejo (estabelecimento de objetivo, automonitoria, etc)

Queremos mais uma vez chamar a atenção para o fato de que nós, como os autores acima referidos, atribuímos dois papéis à fase inicial do tratamento. Aliado ao já reconhecido objetivo de obtenção de dados relativos ao problema para formulação de seu tratamento, deve-se reconhecer que tal etapa também constitui um período para o desenvolvimento de uma relação terapêutica eficaz e para a incitação do compromisso do cliente com a mudança.

O término dessa primeira fase se efetiva com uma entrevista na qual o terapeuta empreende uma discussão habilidosa sobre os dados obtidos durante o desenvolvimento do diagnóstico/avaliação. A entrevista deve ser finalizada com a apresentação do plano de tratamento. O cuidado com o fornecimento de *feedback* para a família irá contribuir sobremaneira para o estabelecimento de um relacionamento de trabalho satisfatório entre terapeuta e pais.

A importância maior atribuída à sessão de *feedback* para os pais assenta-se na substancial evidência de que o não cumprimento das instruções do terapeuta pelos pais – e consequente insucesso do tratamento – é influenciado pelas crenças dos clientes acerca da provável eficácia/ineficácia da terapia, bem como das habilidades dos pais para implementar a mudança.

Cabe um aparte elucidativo no momento sobre os estágios da Tabela1, e os pontos nela apresentados. Tanto os nomes poderiam ser diferentes como a tabela poderia conter mais ou menos fases, dependendo de quais pontos são colocados em cada uma das fases. Witcomb & Merrell (2013), por exemplo, vêem quatro e não três fases da intervenção clínica, por a entenderem como um processo de solução de problemas. Nesse processo os passos dados pelo psicólogo clínico infantil são: 1) identificação e clarificação, 2) coleta de dados, 3) análise e 4) solução e reavaliação. Na proposta dos autores os dois primeiros passos correspondem aos que apresentamos na fase inicial da Tabela 1 e os dois passos seguintes, respectivamente, às fases mediana e final da mesma Tabela.

Isto esclarecido, podemos considerar três fatores principais que podem interferir na adesão, pelos pais, às instruções dadas pelos terapeutas: incompreensão, incerteza e incredulidade. Em outras palavras, se os clientes não compreendem como as tarefas da terapia estão relacionadas com os objetivos de tratamento, se estão incertos sobre a eficácia da terapia para alterar os problemas de conduta, ou ainda, se estão concentrados em tentativas prévias mal sucedidas de modificação, será mais provável o não atendimento às instruções terapêuticas. Somente clientes que estão convictos acerca dos benefícios de uma dada atividade irão, com maior probabilidade, realizar as tarefas definidas pelo terapeuta. Nas intervenções terapêuticas familiares, onde a terapia centra-se no ensino de métodos alternativos de interação com as crianças, é particularmente importante que os pais compreendam a relação existente entre suas ações e o comportamento infantil. Acredita-se, inclusive, que haja consequências desastrosas para a continuidade do processo terapêutico se uma perspectiva conjunta entre terapeuta e cliente não for encontrada antes de se passar para a segunda fase. Uma dessas consequências refere-se à resistência à terapia, ou seja, a família assume atitudes desafiadoras contra o terapeuta, direta ou indiretamente, assim como falha em levar a cabo as tarefas propostas ou atrasa-se com frequência às sessões e demonstra insatisfação com os serviços. Tais ocorrências, em um nível extremado, podem levar a família a, simplesmente, se desligar do trabalho e resistir às tentativas do terapeuta de reiniciar a terapia.

Entretanto, curiosamente, a maneira pela qual os dados de análise diagnóstica são comunicados à família raramente é discutida na área da

Terapia Comportamental. Assim, a proposta de Sanders & Lawton (1993) sobre a sistematização da sessão de *feedback* com a família, chamada de Modelo de Transmissão de Informação com Participação Dirigida, foi muito bem recebida entre os clínicos comportamentais de família.

A Tabela 2 resume essa sistematização, descrevendo-a através de três estágios nos quais uma série de tarefas de comunicação se sucedem, na seguinte ordem:

1) discussão dos dados de avaliação;

2) identificação das "causas" do problema e

3) definição do plano de tratamento.

Durante estes estágios, o terapeuta e os pais discutem a formulação diagnóstica, baseando-se em diferentes referenciais com o objetivo de chegar a uma perspectiva comum em relação à causa e à natureza do problema que trouxe os pais até a clínica. A partir desse consenso é que se estabelecem objetivos comuns de trabalho terapêutico.

O modelo exposto em detalhes na Tabela 2 foi delineado de modo a encorajar um aspecto na terapia familiar, o qual julgamos muito importante. A ideia é induzir os pais à participação ativa na avaliação dos dados de diagnóstico e no planejamento da terapia e baseia-se no fato de que existe pesquisa demonstrando que a participação geral e ativa do cliente em psicoterapia constitui um importante determinante do resultado terapêutico. O fundamental é levar os pais à compreensão dos dados de avaliação, uma vez que isto aumentará a probabilidade de aceitarem e integrarem conclusões do terapeuta através do próprio raciocínio.

A informação apresentada aos pais, que leva a hipóteses por eles mesmos geradas [acerca da natureza dos problemas], bem como àquelas favorecidas pelo terapeuta, com certeza torna-os mais suscetíveis a aceitar as sugestões subsequentes do clínico. Por outro lado, a discussão explícita das crenças e das expectativas dos pais tornará o profissional mais atento aos problemas que poderão impedir o prosseguimento do processo terapêutico. Além disso, a informação trazida à sessão de *feedback*, no estágio da discussão dos dados de avaliação, irá contribuir para alterar as crenças e, consequentemente, as atitudes subsequentes dos pais.

Pesquisas acerca do atendimento às instruções médicas têm revelado que o não atendimento ao conselho médico ocorre com frequência por falta de compreensão das instruções e por problemas de memória. A apresentação dos dados de avaliação na sessão de *feedback*, portanto, deve ser realizada de forma lógica, focalizando-se pontos chave do planejamento da terapia.

As direções clínicas apresentadas a seguir visam fornecer elementos para a condução de uma sessão de *feedback* satisfatória. Tais sugestões cobrem as três fases da sessão. Na fase 1, relativa à discussão dos resultados de avaliação, o terapeuta deve ser sensível às diferenças individuais de assimilação de informação por parte de seus clientes. Na fase 2, que trata da apresentação das causas, natureza e prognóstico do problema, o psicólogo deve cuidar para que a linguagem seja compreensível aos familiares, a fim de que possam entender a relação entre as causas e as estratégias de intervenção propostas. Já na fase final, de descrição do plano de tratamento, o delineamento da(s) estratégia(s) deve ser feito em conjunto com os familiares para que haja completa aceitação.

Tabela 2

O modelo de transferência de informação com participação orientada

ESTÁGIO I	ESTÁGIO II	ESTÁGIO III
Discutir os dados de avaliação.	Identificar as "causas" do problema.	Negociar o plano de tratamento.
FONTES	**FONTES**	**FONTES**
Dados obtidos em entrevistas, autorelatos, observações e outras medidas.	Listar as hipóteses acerca dos possíveis fatores que podem estar mantendo o problema, seu curso provável de desenvolvimento, identificados a partir dos dados de avaliação, experiência do terapeuta, literatura e preocupações do cliente.	Listar as opções de tratamento indicado pela natureza do problema, literatura, experiência do terapeuta e ideias do cliente.
PROCEDIMENTO	**PROCEDIMENTO**	**PROCEDIMENTO**
Descrever uma parte dos dados de avaliação.	Descrever uma hipótese de cada vez.	Descrever uma opção de tratamento relacionando-o com os fatores causais de manutenção e identificar comportamentos passíveis de serem alvo em terapia.
Certificar-se de que foi compreendido e avaliar as reações à informação apresentada.	Examinar a concepção do cliente acerca da hipótese e se ele a julga plausível para o caso.	Examinar as ideias do cliente acerca da opção
Reinterpretar os dados, reformulá-los e sugerir mais avaliação se necessário.	Tentar alcançar consenso ou sugerir mais avaliação.	Revisar a opção de tratamento se necessário.

Repetir, com cada parte subsequente da avaliação, a descrição dos dados até completá-los.	Repetir o procedimento com cada hipótese da lista e com qualquer hipótese que surgir.	Repetir o procedimento com cada opção de tratamento.
Fazer um sumário integrador e conciso da chave dos dados de avaliação.	Providenciar um sumário das principais "causas" do problema e o provável curso de seu desenvolvimento.	Procurar alcançar consenso acerca do comportamento alvo e do plano de tratamento.
Examinar o seu sumário com o cliente.	Examinar a acuracidade de seu sumário com o cliente.	Fazer um sumário do plano de tratamento, relacionando-o às "causas" do problema definidas em uníssono com o cliente.
		Obter a concordância do cliente acerca do plano de tratamento, com a possibilidade de prover reavaliação se necessário.
RESULTADOS	**RESULTADOS**	**RESULTADOS**
Compreensão consensual entre terapeuta e cliente acerca das informações fornecidas com base nos procedimentos de avaliação.		Plano de trabalho ajustado individualmente, mutuamente gerado e baseado na compreensão da natureza do problema e de seus fatores mantenedores.
Planejamento de avaliação futura para clarificar qualquer fonte de discordância.	Compreensão consensual entre terapeuta e cliente, acerca do que tem causado e mantido o problema e o provável curso do problema no futuro.	

Todas essas fases compreendem vários tipos de atividades diferentes por parte do terapeuta, a saber:

1) Preparo prévio da sessão de *feedback*;
2) Sumário do problema tal como se apresenta presentemente;
3) Apresentação dos dados relativos ao problema com: a) descrição e apresentação dos diferentes tipos de informação obtidas e b) garantia da compreensão pelos pais;
4) Revisão das possíveis causas do comportamento;
5) Apresentação das opções para a ação futura;
6) Planejamento do cronograma de atendimento e
7) Atribuição da próxima tarefa da semana.

Ao preparar a sessão, o terapeuta deve focalizar a discussão de cada um dos seus objetivos, o tempo e o tipo de informação que será nela discutida (crianças não devem participar desta sessão; o *feedback* ao cliente infantil deverá ser feito separadamente).

O clínico também deverá, antecipadamente, rever os dados e decidir o tipo de informação que irá apresentar, assegurando-se de que todos os registros estejam em suas mãos e que os resultados sejam apresentados de forma inteligível.

O psicólogo deverá, ainda, estar preparado para discutir: a) seu próprio ponto de vista acerca da natureza do problema e de suas causas: b) opções de tratamento; c) objetivos terminais da intervenção; d) tempo estimado do tratamento e seus custos para a família.

Ao preparar a sessão, é relevante que o clínico também esteja atento à extensão com que a informação contribui para a compreensão do problema. Da mesma forma, deve atentar para a aceitação pela família da validade da informação apresentada.

Um ponto final acerca do preparo da sessão diz respeito à sua variação de acordo com as características da família, ou seja, o terapeuta planejará a sessão, levando em consideração os seguintes fatores da família com a qual interage: a idade dos pais, o *status* socioeconômico, étnico e o *background* cultural, sua composição, o nível de educação, seu funcionamento intelectual e seu estilo pessoal.

Tabela 3

Possíveis determinantes dos problemas de comportamento da criança

I. Fatores genético/biológicos
O temperamento de seu filho.
A saúde de seu filho.
II. Interações diárias (aprendizagem e experiência)
Recompensas acidentais para o mau comportamento.
Armadilhas que se escalam (do ponto de vista dos pais e da criança).
Aprendizagem por imitação, por olhar alguém fazendo igual (pais, irmãos e colegas).
Ignorância do comportamento desejável.
Métodos de instrução: instruir algo e não exigir o cumprimento.
Enganos comuns: muitas instruções, poucas instruções, muita exigência, instruções muito vagas, instruções em horário inapropriado, instruções desacompanhadas de linguagem corporal adequada.
Uso de mensagens emocionais (mensagens com raiva, mensagens que induzem culpa).
Uso ineficaz ativo de punição ou de disciplina.
III. Fatores que afetam os pais
Stress e outros problemas pessoais.
Conflito marital.
Pouco suporte social.
Problemas financeiros.

Na Tabela 3, encontram-se os principais fatores aceitos como responsáveis pelos distúrbios infantis em geral e discutidos com os pais na intervenção comportamental familiar. A compreensão de quais destes fatores estão envolvidos no caso, objeto de análise na sessão de *feedback*, é indispensável. Para isto, é preciso que tais fatores sejam retomados na sessão de *feedback* com os pais e discutidos, cuidadosamente, em relação a cada um dos problemas apresentados pela criança em questão.

Ter este esquema de orientação à frente dos pais e do terapeuta na sessão de *feedback* poderá facilitar a identificação correta dos fatores específicos do caso; por isso, julgamos procedente transcrevê-lo nesta seção.

1 PROBLEMAS NA ENTREVISTA DE *FEEDBACK* E ESTRATÉGIAS PREVENTIVAS

Dois problemas frequentes da sessão de *feedback* e que podem acarretar a desistência da família em relação ao tratamento são descritos a seguir, bem como as estratégias, definidas como preventivas, utilizadas para superar tais dificuldades.

O primeiro problema diz respeito ao fato do comportamento da criança guardar relação direta ou indireta com o tipo de interação com ela estabelecido pelos pais. Assim, por exemplo, a criança pode receber altos níveis de atenção por seu comportamento indesejável e baixo nível de atenção positiva pelos outros comportamentos que, com ele, competem. Em virtude disto, o terapeuta pode fazer os pais se sentirem culpados e pessoalmente responsáveis pelos problemas da criança. É importante, então, que apresente os dados de avaliação de forma cuidadosa para diminuir o impacto emocional que podem representar.

Outra questão refere-se à ameaça sentida pelos pais ao compreenderem a natureza da desordem infantil. Primeiro, podem se assustar por julgarem que o problema é de natureza mais séria do que inicialmente pensavam. Segundo, podem não estar preparados para as eventuais mudanças de práticas de interação que os pais valorizam, mas que são indesejáveis do ponto de vista da eliminação do comportamento problemático do filho. Assim, por exemplo, os dados da avaliação podem questionar uma prática duradoura na família, como dar carinho quando a criança faz birra, por admitir que ela precisa sentir-se amada e confiar nos seus pais. De acordo com Sanders & Lawton (1993), tais problemas podem ser contornados se forem seguidas as estratégias abaixo:

1) Estabeleça claros objetivos para a sessão;

2) Fuja de temas tangenciais;

3) Focalize os objetivos, especialmente com pais excessivamente falantes;

4) Descarte interpretações prematuras acerca do comportamento infantil;

5) Descarte afirmações vagas e generalizadas;

6) Fuja de jargões;

7) Fuja de afirmações conclusivas, sem bases adequadas;

8) Evite comportamento defensivo, em caso de discordância de ideias;

9) Levante temas delicados através de exemplos de comparação;

10) Trate empaticamente pais defensivos e irados;

11) Estimule a participação de pais pouco envolvidos.

Com nossas sugestões para a sessão de *feedback* à família, encerramos a parte II deste livro. Esperamos ter contribuído com os iniciantes na prática de entrevistar a criança em atendimento clínico, bem como no atendimento aos seus pais, professores e demais agentes sociais com ela envolvidos.

PARTE III

ENSINANDO ENTREVISTA CLÍNICA

Maura Alves Nunes Gongora

9
SUGESTÕES AOS PROFESSORES E SUPERVISORES

Nos capítulos anteriores, foi conceituada a entrevista clínica e descritas, em detalhes, suas dimensões e características. Na concepção de entrevista, aqui apresentada, acentuou-se o fato de que, para conduzi-la, o aluno precisa desenvolver um conjunto de habilidades passíveis de aprendizagem. Esta concepção conduz à seguinte pergunta: como tem sido o ensino da entrevista clínica nos cursos de Psicologia?

No Brasil, até o final da década de noventa, não se encontrou nenhum levantamento sobre isso, porém sabe-se que, em geral, as universidades têm sido muito criticadas pelo excesso de ensino teórico, em detrimento da prática. Parece haver entre os professores uma crença generalizada de que um curso de bom nível é aquele no qual se utilizam muitos textos.

Os autores que tratam da Psicologia Clínica, em geral, e da entrevista clínica, em particular, são quase unânimes em defender programas práticos ou de treinamento, que não se limitem à leitura e à discussão de textos. Neste sentido, Kahn & Cannell (1957) foram pioneiros em afirmar que as pessoas aprendem a interagir, interagindo e não lendo sobre interação. Sugeriram que os programas de ensino oferecessem aos treinandos oportunidades para discutirem os princípios da entrevista e praticarem-na. Sugeriram, ainda, que as falhas e os sucessos das práticas de cada aluno fossem discutidos com eles e, finalmente, acrescentaram que as entrevistas poderiam ser gravadas.

Frente à insistência dos autores sobre a necessidade de se programar, sistematicamente, o ensino da entrevista, e a variação nas modalidades possíveis de programação, entendemos que nossa contribuição à área só ficaria completa se acrescentássemos um capítulo dedicado aos professores, abordando as questões de ensino. Enquanto para os alunos a contribuição foi a elaboração de um manual, distribuído nos oito capítulos anteriores, para os professores pareceu mais enriquecedor uma ampla discussão das alternativas e sugestões relatadas na literatura, com pesquisas sistemáticas, muitas das quais, foram também confirmadas em nossas próprias pesquisas. Entre os estudos considerados mais relevantes, selecionados para serem aqui apresentados, alguns foram realizados com alunos de Psicologia e outros com alunos de medicina. Antes de continuar, porém, cabe ressaltar que mantivemos aqui [e nos demais capítulos] nosso levantamento bibliográfico das primeiras edições deste livro. Tais levantamentos foram realizados no final da década de noventa e início da década de 2000. Mantivemos porque seus resultados, em geral, tornaram-se clássicos, e por isso continuam atuais. Exemplos de referências ao que vimos apresentando encontram-se em uma extensa obra de duas edições mais recentes: Mc Conaughy (2005; 2013).

1 ESTUDOS DESENVOLVIDOS COM ALUNOS DE PSICOLOGIA

Balau (1980) desenvolveu um programa para cinco estudantes brasileiros, voluntários, do 6º semestre do Curso de Psicologia. A participação dava créditos aos sujeitos para a disciplina de Aconselhamento Psicológico, ministrada por ela. Utilizou cinco monitores, alunos que já haviam passado pelo programa, os quais desempenhavam o papel de clientes, avaliavam a parte escrita do programa e observavam respostas motoras, durante a entrevista. O curso era individualizado, por isso não houve tarefas em grupo. O programa durou um máximo de três meses, durante os quais cada aluno, em seu ritmo, deveria cumprir seis unidades programadas.

A primeira unidade incluiu exercícios escritos sobre uma entrevista gravada e com cópia escrita. As unidades de nº 2 a 5 envolveram instruções, informações escritas com exercícios e treino em *role-play* das habilidades de entrevistar, as quais eram treinadas uma de cada vez. Nesta etapa, o aluno deveria executar, no mínimo, cinco representações de entrevista.

A 6ª unidade foi realizada em situação natural, no setor de Psicologia de um hospital. Cada aluno fazia uma entrevista, no mínimo, sempre com a presença de um profissional na sala. Na verdade, o aluno fez uma parte da entrevista e o profissional completou-a. A autora dividiu a entrevista em quatro partes: introdução, queixa livre, queixa dirigida e encerramento. Os alunos treinaram e executaram só as duas primeiras.

Em todas as etapas, as entrevistas foram feitas em sala com espelho unidirecional e observadas pela professora que avaliou e decidiu, conforme critérios pré-estabelecidos, se a tarefa estava cumprida ou se deveria ser repetida. As respostas verbais dos alunos (entrevistadores) e dos clientes foram gravadas. Além disso, 10 respostas motoras dos primeiros foram registradas por observadores em intervalos de 15". Foram analisadas as respostas verbais apenas da 6ª entrevista, em situação natural. A análise envolveu aspectos bem específicos das trocas verbais entre ambos.

As conclusões gerais da autora foram de que as leituras e as instruções específicas não pareceram suficientes para a execução da entrevista ao nível desejado. Mas o *role-play* foi um recurso facilitador dessa tarefa. Além disso, ao descrever uma etapa prévia da pesquisa, a autora relatou dificuldades dos alunos para fazerem a integração das diferentes partes da entrevista, treinadas em separado.

Isaacs et al. (1982) implementaram e avaliaram um programa de treinamento para ensinar a 5 alunos de Graduação, habilidades para tornarem-se terapeutas familiares efetivos. O programa, de treinamento de pais, incluiu a utilização dos seguintes procedimentos: manual escrito, modelos gravados em vídeo, ensaio comportamental, *role-plays, feedback* da *performance* e observação através de espelho unidirecional.

Foram avaliados três comportamentos dos alunos: dar instruções, dar informações e elogiar. Além disso, foram avaliadas algumas respostas dos pais em relação às crianças e destas em relação a eles. O programa durou dois períodos de três meses cada um, sendo o primeiro de treinamento e o segundo de aplicação. O procedimento de avaliação do treino foi de linha de base múltipla.

Após o programa, verificou-se que os terapeutas aumentaram suas taxas nos três comportamentos avaliados; os pais aumentaram sua atenção para a obediência dos filhos e diminuíram-na para com a desobediência; além disso, aumentaram a taxa de elogios às crianças; todas as crianças aumentaram a taxa de comportamentos obedientes e diminuíram-na em desobediência.

Iwata (1982) fez uma pesquisa onde tentou, segundo ele, superar algumas das críticas comportamentais mais comuns nos estudos tradicionais de entrevista. As principais delas são: 1- ausência de variáveis bem definidas; 2 – uso de treinandos não profissionais - estudantes - como sujeitos; 3 – carência de replicação; e, 4 – pouca atenção ao comportamento do cliente. Para tanto, realizou dois experimentos.

O primeiro foi realizado com oito estudantes de Psicologia, voluntários, sendo quatro graduados e quatro graduandos.

Cada estudante realizou de oito a nove entrevistas simuladas por assistentes treinados, os quais seguiam um *script* (maioria) e voluntários (minoria) sem *script*. As entrevistas eram feitas fora do horário de aula. Foram avaliadas 25 respostas do entrevistador – cerca de metade referente à avaliação comportamental e as restantes sobre contrato, pois os alunos faziam um curso sobre este assunto. Foram medidas, também, 15 respostas do cliente as quais se dividiam em dois tipos – fornecer informação e consentir ou aprovar propostas do entrevistador. Tanto as respostas do cliente, como as do entrevistador, eram medidas pela sua ocorrência ou não ocorrência.

O *design* foi de linha de base múltipla, ou seja, os alunos receberam treino e *feedbacks* após a 3ª, 4ª ou 5ª entrevista. O treino incluía um curso sobre contrato, por isso receberam um manual sobre entrevista e contrato. Fizeram exercícios escritos detalhados sobre as respostas do entrevistador e do entrevistado em uma entrevista escrita. Além disso, executaram duas sessões de *role-play*, observados por um dos pesquisadores, o qual marcou as respostas e as discutiu em seguida.

Os resultados relatados mostram que houve uma melhora notável no desempenho dos alunos após o treino – o índice de acerto passou de 30,1% para 76,6%. As diversas exposições a clientes diferentes, durante a linha de base, não afetaram o comportamento do entrevistador. E, além disso, as respostas dos clientes foram altamente consistentes com as do entrevistador – passaram de 39,4% na linha de base para 78,8% após o treino.

Os autores concluíram que o programa instrucional escrito e *role-play* com *feedbacks* são suficientes para produzir mudanças desejáveis e que não é preciso nem modelação, nem prática ao vivo. Entendem, entretanto, que podem ser necessários novos treinos para produzirem melhores e mais consistentes níveis de *performance*.

Supondo que esse experimento pudesse carecer de validade externa, pois as variáveis da situação clínica poderiam não estar suficientemente representadas, o mesmo foi replicado em situação natural.

No 2º experimento, foi desenvolvido um programa com psicólogos profissionais de um hospital, os quais aplicavam um pacote de tratamento comportamental com crianças e adolescentes. Os profissionais atendiam em salas de espelho unidirecional e eram avisados de que, periodicamente, poderiam ser avaliados por um observador, mas desconheciam a existência do experimento. Num procedimento semelhante ao anterior, com linha de base múltipla, foi introduzido um programa instrucional escrito e observação de companheiros com *feedback*. Foram, então, treinados 11 terapeutas. Um programa com *feedbacks* mensais também foi introduzido, posteriormente, e mantido durante alguns meses.

Os resultados mostraram que, na linha de base, o desempenho foi melhor que no 1º experimento – iniciou com taxa média de 70,5% e, após o treino, passou para 93,3%. A melhora continuou na fase de manutenção, passando para 98,3%. Houve, também, melhora acentuada nas respostas dos clientes.

Para os autores, os resultados indicam que a equipe não alcança um ótimo nível na ausência de contingências planejadas. Eles lembram que, nesses estudos, o comportamento de entrevistar foi definido como uma série de questões e afirmações formuladas pelo terapeuta para eliciar respostas gerais e específicas do cliente; ou seja, a pesquisa não avaliou a efetividade interpessoal, o que deveria ser feito através de respostas observáveis. Finalmente, sugerem novas pesquisas que relacionem os comportamentos do terapeuta com os resultados do tratamento.

Além dos procedimentos acima descritos, essa pesquisa incluiu, ainda, validação social dos itens para a avaliação.

Miltenberger & Fuqua (1985) pontuam que os procedimentos para ensinar entrevista têm incluído múltiplas instruções; ensaios; modelos [vivos, escritos, ou gravados]; e *feedback* da *performance*. Mas, para esses autores, tais procedimentos são problemáticos [porque são caros e demorados], por exigirem a presença de treinadores experientes, dando *feedback* individual. Por isso, seu propósito, nesta pesquisa, foi avaliar a efetividade de um manual sobre entrevista.

A pesquisa teve como sujeitos oito estudantes de Psicologia, todos voluntários, com conhecimentos rudimentares de A.E.C. (Análise Experimental do Comportamento), mas sem conhecimento anterior em entrevista clínica.

As variáveis dependentes foram 10 respostas de entrevistar, que se referiam a tópicos básicos de avaliação comportamental, as quais deveriam ser perguntadas com questões abertas ou fechadas. As entrevistas foram representadas por outros estudantes treinados para simular 12 clientes diferentes. Este treino envolveu *script*, instruções, modelação, ensaio e *feedbacks*. Cada aluno fez de 10 a 12 entrevistas, ficando sozinhos na sala com o cliente. As entrevistas foram gravadas em audio tape e as respostas ouvidas e classificadas por assistentes treinados.

O procedimento incluiu linha de base onde os estudantes, com informações mínimas, foram instruídos a levantar os dados necessários para a análise comportamental do problema do cliente, enquanto estes só respondiam ao estritamente perguntado. Após três a cinco entrevistas de linha de base, quatro dos estudantes leram o manual sobre as dez habilidades de avaliação e responderam a exercícios escritos. Depois continuaram as entrevistas sem qualquer tipo de ajuda. Os outros quatro estudantes passaram pelo mesmo procedimento com o manual; mas, além desse, receberam um pacote de treino que incluía instruções, ensaio, modelação e *feedbacks*.

Conforme os resultados relatados, a linha de base foi pobre para todos os sujeitos. Após os procedimentos, os oito sujeitos alcançaram o critério de 90 a 100% de respostas corretas. Para os autores, este resultado replica os resultados de Iwata (1982), no que se refere ao pacote de ensino em situação simulada. Eles concluíram que ambos os procedimentos, treino com o manual ou o pacote todo, são adequados para ensinar essas habilidades (10 respostas treinadas) de avaliação.

Os autores sugeriram outras pesquisas em situação natural, as quais deveriam incluir outras habilidades: empatia e confiança; testes e desenvolvimento de manuais escritos; avaliação de antecedentes e consequentes das respostas de entrevistar e, ainda, incluir na avaliação as respostas do cliente. Eles concluíram dizendo que não há substitutos para a experiência, porém os manuais poderiam encurtar o tempo e os custos do treino. Nesta pesquisa, tanto as 10 habilidades quanto os resultados também foram validados socialmente por um grupo de *experts*.

Continuando a mesma linha da pesquisa anterior, o primeiro autor, Miltenberger, volta a publicar acompanhado de outro parceiro, Veltum, e resumiram assim a outra pesquisa:

> Dez estudantes de Graduação, em Psicologia, participaram em dois experimentos de treino em habilidades de entrevista em avaliação comportamental. No primeiro estudo, quatro participantes foram treinados num *design* de linha de base múltipla, através de instruções e modelos em audio e escritos. Todos os estudantes aumentaram substancialmente a *performance* com o treino. O segundo estudo foi feito para avaliar as instruções escritas sozinhas. Após a linha de base, seis participantes receberam treino com instruções segundo o modelo de linha de base múltipla entre os sujeitos. Para quatro sujeitos, que não alcançaram 90% de respostas corretas com instruções, foi-lhes acrescentado o treino com modelação em uma 3ª fase. E por fim, com uma fase subsequente de *feedbacks*, todos alcançaram 90% ou mais. Foram feitas, também, medidas de validade social da *performance* (1988, p. 31) (tradução nossa).

Continuando, eles afirmam que há poucas pesquisas sobre entrevista que incluem avaliação comportamental, embora tenham surgido algumas após 1980. Contudo, entre as três citadas por eles, duas envolvem apenas 10 respostas específicas de avaliação e duas envolvem manuais e não treinadores ativos. Por isso, seu propósito nesse estudo foi: primeiro, avaliar um programa auto-aplicável com instruções breves e modelos escritos e em áudio; e, segundo, ampliar para 30 o número de respostas de avaliação incluídas. As respostas foram medidas através de gravações em áudio das entrevistas feitas, sendo todas em situação simulada. Estes e os demais aspectos do procedimento são semelhantes aos da pesquisa anterior

Observando-se os resultados, verifica-se que dos seis casos, cujas médias estavam em 16,2%, na linha de base, dois melhoraram e se mantiveram só com as instruções, chegando a apresentar 99% das respostas esperadas; quatro melhoraram um pouco apenas com as instruções – foram para 63,8% em média, depois alcançam 84,8% com a modelação e melhoram mais ainda com o *feedback*, chegando a 91,1%. Assim, os autores consideraram que, exceto para os dois primeiros casos, as instruções sozinhas pareceram insuficientes.

As respostas de processo, tais como procedimentos de reforço e afirmações empáticas, também melhoraram, embora não treinadas diretamente, talvez, por influência do modelo.

Os autores concluem o relato com as seguintes reservas:
- Eles mediram apenas a primeira ocorrência de cada resposta;
- Foram pesquisados processos análogos, em situação simulada; é preciso que as pesquisas incluam pacientes ao vivo;
- É preciso incluir nas pesquisas o uso simultâneo de respostas relacionadas ao processo e à avaliação;

- Faltam também pesquisas sobre a relação entre a habilidade de fazer entrevista de avaliação comportamental e fazer posteriormente a análise funcional do problema;
- Finalmente, são necessárias mais pesquisas sobre materiais escritos e gravados, que dispensem a assistência constante do professor.

Em uma descrição de experiência, Anderson et al. (1989) relatam uma prática, na qual incluem, sistematicamente, alunos graduandos de Psicologia no papel de clientes de alunos graduados, os quais fazem curso de Aconselhamento e Psicopatologia. Os primeiros são voluntários treinados para representar clientes específicos. As entrevistas são gravadas em vídeo, fora do horário de aula e sem a presença do professor. Em seguida, este ouve os *feedbacks* do aluno cliente e, só depois, vê a gravação e dá *feedback* ao aluno entrevistador. Os autores avaliaram o programa, através de entrevistas com vários ex-alunos e estes relataram que a experiência no papel de cliente os ajudou posteriormente a serem mais empáticos e a usarem menos esteriótipos com seus próprios clientes.

Em outro estudo, foi examinado o efeito de quatro tipos de respostas de conselheiros: auto exposição, auto envolvimento, empatia e questões abertas, sobre as impressões positivas dos clientes, durante um programa de orientação vocacional. Não foi detectada qualquer diferença significativa entre as respostas. Os autores, Watkins et al. (1990) concluíram que, em Aconselhamento, há várias alternativas a serem utilizadas, as quais produzem resultados semelhantes.

Balleweg (1990), após constatar que os treinos de entrevista, em geral, limitam-se ao ensino das habilidades básicas - processo de entrevistar -, desenvolveu uma técnica para o ensino de outros dois tipos de habilidades: avaliação e conceituação. Esta última foi definida pelo autor como levantamento de hipóteses sobre a natureza e a etiologia do problema, bem como de sugestões para tratamento.

A técnica denominada *interviewing team* (entrevista em grupo) é desenvolvida da seguinte forma: um grupo de estudantes, em rodízio, entrevista um cliente, representado pelo professor. Cada estudante é responsável por obter um tipo de informação, por exemplo, sintomas afetivos, somáticos ou cognitivos. Após cada segmento de entrevista, o professor dá *feedback* ao aluno entrevistador e, em seguida, o grupo levanta hipóteses para a conceituação. No final da entrevista, verificam-se as hipóteses iniciais e, se for o caso, reformulam-na, identificam áreas para mais pesquisa e sugerem formas possíveis de tratamento.

O autor desenvolveu e aplicou essa técnica com estudantes de Aconselhamento Psicológico, em nível de graduação, em um programa de introdução ao assunto. Os clientes, representados pelo professor, eram seus próprios clientes, cujos dados pessoais estavam alterados para se garantir o sigilo. Os segmentos de entrevista duravam de 5 a 10 minutos e coincidiam com mudanças de assunto, controladas pelo professor; ou por impasses, apresentados pelos estudantes. A entrevista total era completada em 2 horas/aula.

Antes da aplicação da técnica, os alunos passaram por um programa preparatório, o qual incluiu leitura e exercícios escritos sobre ambos os assuntos: avaliação e conceituação. A preparação incluiu, ainda, a observação do professor, entrevistando um aluno no papel de cliente e, em seguida, discutindo conceituação.

A preocupação do autor com a *interviewing team* era, segundo ele, superar três problemas que ocorrem frequentemente na utilização de *ro-*

le-play: os estudantes se perdem com o número de variáveis que precisam analisar, ficam ansiosos e omitem informações importantes para a avaliação; estudantes têm dificuldades para representarem clientes autênticos, o que dificulta a aprendizagem para ser terapeuta; e, no caso de representação em pares ou trios, só alguns recebem *feedbacks*, os outros podem permanecer errando. Assim, a técnica proposta tem o objetivo de desenvolver habilidades de avaliar, através de *role-play* autêntico e *feedback* imediato; e ensinar estudantes a usarem seu conhecimento de teoria do Aconselhamento e comportamento anormal para conceituar o problema do cliente.

Finalmente, o autor apresenta as seguintes vantagens para a sua técnica: reduz a ansiedade e divide as responsabilidades; engrandece a autenticidade do paciente com a representação do professor; oportuniza *feedback* imediato; alerta os estudantes para reformularem hipóteses durante a coleta de dados; oferece-lhes chances de aplicar seus conhecimentos das teorias de Aconselhamento e de Psicopatologia; constrói uma coesão da classe; e dá oportunidade para os alunos observarem e aprenderem uns com os outros

As desvantagens seriam que o grupo não pode exceder a 10 alunos, e que os estudantes não praticam, individualmente, a avaliação e a conceituação. Por isso, seriam necessários outros exercícios de entrevista.

Ao analisarem-se as características dos seis principais estudos até aqui relatados, excluindo-se Anderson (1989) e Watkins (1990) por apresentarem muito poucos dados específicos de treino, verifica-se, em primeiro lugar, que todos os autores utilizaram alguma forma de manual e exercícios escritos sobre entrevista, e, também, alguma forma de praticá-la. Cabe, então, identificar quais foram os principais resultados.

Embora todos os autores considerem úteis os manuais, a maioria parece considerá-los insuficientes para produzirem mudanças amplas e efetivas de desempenho. Daí, todos incluírem outras formas de treino. Contudo não fica muito claro quais os elementos críticos dos treinamentos, porque, em geral, são constituídos por pacotes de procedimentos. O que parece consensual é o uso de *role-plays* e *feedbacks*. Há discussão quanto ao uso de modelos ao vivo ou gravados, parece que são úteis, mas não indispensáveis.

Podem-se destacar, ainda, vários outros aspectos dos métodos utilizados nos seis estudos.

Quanto à situação, verifica-se que, em apenas dois estudos, os alunos cumprem matéria regular – em Balau (1980), uma disciplina semestral; e, em Isaacs (1982), dois semestres. Os demais alunos cumprem tarefas extra-disciplinares, apenas para as pesquisas.

Nos estudos que informaram, verificou-se que a participação dos alunos foi voluntária, apenas em parte de um deles, em Iwata (1982), os sujeitos eram ingênuos.

O número total de alunos por estudo variou entre 5, 8 e 10, mesmo naqueles que incluíram dois experimentos.

Em quatro dos estudos, foi utilizada linha de base múltipla e, por isso, nestes, os alunos devem ter feito várias entrevistas. Contudo, apenas três, dos seis estudos, relatam quantas: Iwata (1982) – de oito a nove; Balau (1980) – um mínimo de seis, embora não completas; e, em Balleweg (1990) os alunos faziam apenas parte de uma entrevista.

As situações de treino, embora nem sempre citadas, deduz-se que foram desenvolvidas em geral, em grupo, com exceção de Balau cujo programa era totalmente individualizado.

Os instrutores parecem ter sido os próprios professores ou pesquisadores, apenas Balau (1980) cita o auxílio de monitores. O tipo de habilidade do terapeuta, avaliada em quatro experimentos, foi apenas de avaliação, somente a última autora e Isaacs (1982) incluíram avaliação de respostas referentes ao processo de entrevistar. Cinco dos experimentos avaliaram uma lista de respostas do entrevistador, previamente definidas; o número de itens das listas variou entre 3, 10, 25 e 30.

Todos os estudos mediram respostas do terapeuta e três deles fizeram tentativas, não muito claras, de medir respostas dos clientes em avaliação. Ao menos três, desses estudos, preocuparam-se com a validação social dos dados ou dos resultados.

Apenas Iwata (1982) descreve *followup* em um de dois experimentos que descreveu.

As formas de observar o desempenho final foram: um estudo, observação direta; três estudos, por gravação em audio; três através de espelho unidirecional; um estudo usou ambas as formas e outro não relatou.

Os *feedbacks* foram incluídos ao menos em alguma fase de quase todos os estudos, mas, estranhamente, a maioria não descreve em detalhes como foram efetuados. Quem os fornece, em geral, são os professores; às vezes, também os colegas; e, em um caso, foram os monitores.

Chama a atenção o fato de que, apenas em três estudos os alunos fazem as entrevistas em situação simulada e natural; nos demais, seja o treino, seja o teste foram realizados somente em situação simulada. Mesmo assim, os testes em situação natural tiveram algumas características particulares: em Balau (1980), os alunos fizeram só parte da entrevista; em Isaac (1982), os alunos ensinavam respostas bem específicas para pais e, em Iwata (1982), em um dos experimentos, os próprios sujeitos já eram profissionais observados no próprio local de trabalho.

Finalmente, como é quase geral o uso de clientes simulados, resta verificar quem são os simuladores. Embora, às vezes, não fique muito claro, parece que em geral são colegas com algum treino para isso: em Balau (1980), são monitores; e, em Balleweg (1990), é o próprio professor.

2 ESTUDOS DESENVOLVIDOS COM ALUNOS DE MEDICINA

Ao realizar o levantamento de literatura sobre o ensino de entrevista clínica, fizemos uma constatação surpreendente: foi o grande número de publicações sobre treino de entrevista com estudantes de Medicina. Algumas se referem a pesquisas sistemáticas, mas a grande maioria apenas descreve experiências. Contudo, demonstram uma enorme preocupação com o tema, inclusive em várias universidades, experiências de cursos optativos transformaram-se em disciplinas curriculares obrigatórias. Apesar das diferenças quanto aos dados que procuram, as publicações sobre as entrevistas médicas trazem algumas sugestões interessantes quanto ao processo de entrevistar e suas formas de ensino, sendo que muitas delas são aplicáveis também ao ensino da Psicologia Clínica, até porque são dela derivadas. Embora esta bibliografia seja vasta, serão descritos aqui apenas aqueles procedimentos, ou parte deles, que apresentam diferenças ou acréscimos em relação aos estudos já descritos, na seção anterior, com estudantes de Psicologia.

A Universidade do Arizona desenvolveu um programa de ensino de entrevistas, para alunos de Medicina, descrito em (STILLMAN et al.., 1983).

No 1º ano, os alunos fazem um curso de 10h, apenas com leituras e discussão sobre entrevista. No 2º ano, há um curso prático, anual, ministrado por PIs [profissionais não médicos, ensinados para funcionarem no múltiplo papel de paciente, professor e avaliador, sendo, inclusive contratados apenas para essa função]. Há PIs para três áreas: infantil, adulto e Psiquiatria. Os PIs são treinados, até que respondam qualquer pergunta sobre o paciente que vão representar. Para cada paciente treinado, de cada especialidade, é construído um *checklist* que cobre toda a informação relevante que deveria ser obtida. Cada *checklist* é avaliado por um júri de médicos que verificam se o mesmo está completo. Foi construída, também, uma escala com 14 itens para avaliar as habilidades de entrevistar. Os PIs são treinados até conseguirem 85% de fidedignidade no uso dos instrumentos. Os estudantes tomam conhecimento prévio dos critérios de avaliação e executam as entrevistas quantas vezes forem necessárias para alcançar os critérios definidos.

Durante as entrevistas, os PIs desempenham o papel de clientes, oferecem *feedbacks* sobre a *performance*, fazem sugestões para melhorá-la e, depois, respondem aos instrumentos de avaliação. Os alunos também respondem a um instrumento de avaliação do curso.

Os resultados das seis últimas turmas apontaram o seguinte:
- Houve correlação positiva entre o desempenho dos alunos, em conteúdo e no processo da entrevistar;
- Verificou-se que houve ganhos da 1ª para a 2ª entrevista de uma mesma área;
- Em relação aos escores de cada estudante, ao passarem por diferentes áreas, verificou-se pouco progresso em conteúdo e melhora superior em processo.

De início, esses cursos eram optativos, após serem avaliados, passaram a ser curriculares e obrigatórios.

Whitehouse et al. (1984) descrevem um programa de workshops sobre entrevista com estudantes do 3º ano de Medicina, cujo objetivo é desenvolver habilidades de construir interação e coletar informações do paciente. O programa foi iniciado em 1978, na Universidade de Manchester, em associação com um grupo de teatro responsável por representar os pacientes.

Em linhas gerais, o método seguido no programa é o seguinte: são constituídos grupos, sendo que cada um deles inclui seis ou sete alunos, quatro atores e um tutor. Cada grupo treina durante uma sessão de 3h30 min.. Cada sessão envolve quatro entrevistas de 15' cada, sendo cada uma delas acompanhada de 30' de discussão. Portanto, alguns alunos não entrevistam, apenas assistem e discutem. Durante a consulta, só ficam na sala o terapeuta e o paciente, os demais ficam assistindo, através de um circuito fechado de televisão. Depois, todos se reunem para a sessão de *feedbacks*, inclusive os atores que dão os *feedbacks* no papel de pacientes. As técnicas sugeridas são as clássicas: uso de questões abertas, afunilamento das questões, facilitações verbais e não verbais, etc.

Os autores concluem afirmando que a duração do treino é muito curta, consideram uma falha o fato de nem todos os alunos entrevistarem e sugerem pesquisas para comparar pacientes simulados e reais; mas defendem a importância do *feedback* do paciente, o que seria difícil na situação natural. É de se notar que Faber et al. (1984) e Lovet et al. (1990) também adotam pacientes simulados, os quais são treinados para fornecerem *feedbacks* aos estudantes. Além disso, o último autor descreve uma experiência semelhante, com *workshops*, porém feitos em duas etapas, o que permite que todos os alunos pratiquem a entrevista. Este autor observou ainda que alguns estudantes são relutantes em entrevistar na frente dos companheiros, por isso é importante que todos o façam e que os *feedbacks* sejam predominantemente positivos.

Shepherd & Hammond (1984) descrevem um programa de ensino de entrevista para alunos do 5º ano de Medicina, no qual cada estudante escolhe um par e ambos fazem uma entrevista de 45' como terapeuta e como cliente. O papel de cliente é treinado com a ajuda do professor. Enquanto entrevistam, o professor permanece na sala filmando. Após as entrevistas, a dupla vai assistir ao filme e avaliar no que precisa melhorar e, em seguida, discutem com o professor. Ao final do curso os alunos respondem a um questionário de avaliação do programa. Os resultados desse questionário mostraram que a maioria dos alunos não se inibe ao ser filmada e prefere o treino em pares, em vez de em grupo. Além disso, 30% deles acharam-se piores do que imaginavam e 50% acharam-se empáticos. Os alunos que apontaram essas avaliações negativas foram os que mais sugeriram necessidades de se modificarem.

O Departamento de Psiquiatria e Ciências Biocomportamentais da Universidade da California, em Los Angeles, é outro que mantém um programa regular de ensino de entrevistas para estudantes de Medicina, o qual está relatado em Wells et al. (1985). O programa funciona desde 1975 e, em 1980, passou por uma avaliação e reestruturação, cujos resultados finais são descritos por esses autores. Eles afirmam que um programa de ensino não pode prescindir de um modelo conceitual explícito de entrevista efetiva e de *feedbacks* estruturados, baseados em critérios específicos de *performance*. E foi isto que fizeram na reformulação do programa.

Foi definido que os objetivos da entrevista eram obter informações e construir *rapport*; foi definida uma estrutura para a entrevista do início até o fim, incluindo em cada etapa as técnicas a serem utilizadas; foi operacionalizada cada etapa do programa, desde o treinamento dos instrutores até as formas de recuperação dos alunos com maiores dificuldades.

Note-se que esse modelo descrito pelos autores é semelhante àquele por nós descrito no cap. 3, sobre estrutura da entrevista. As técnicas por eles utilizadas incluem, também, várias daquelas descritas no cap. 2, que descreve habilidades de entrevistar. Isto vem demonstrar que os programas mais completos de ensino das entrevistas médicas seguem as mesmas orientações gerais dos programas de Psicologia Clínica.

Após descreverem os detalhes do programa, os autores destacaram que a seriedade, com que este tem sido desenvolvido, levou os alunos a avaliarem que o mesmo tem dado ao curso um caráter de seriedade no desempenho profissional. Além disso, os autores lembram que o sucesso do curso só é possível devido ao apoio administrativo, às condições físicas e aos materiais que a universidade lhes forneceu. Cabe notar que em nossos programas desenvolvidos na UEL (Universidade Estadual de Londrina) recebemos muitos *feedbacks* semelhantes dos nossos alunos.

McCready & Waring (1986) fizeram um levantamento dos trabalhos publicados sobre entrevistas médicas e detectaram uma carência de pesquisas ao nível de residência psiquiátrica, sendo que predomina a literatura com estudantes dos primeiros anos de Medicina geral e de Medicina familiar. Segundo os autores, embora existam muitos livros bastante consultados sobre qual seria a entrevista adequada, as informações neles contidas não são derivadas de pesquisas. Como exemplo, os autores citam as recomendações para as entrevistas serem não diretivas, afirmando que há pesquisas com mães, nas quais tanto as diretivas quanto as não diretivas produziram números semelhantes de relatos. As mães mostraram-se indiferentes ao estilo, e alguns dados mostraram que o estilo diretivo produziu dados mais precisos. Discute-se ainda se o estilo não diretivo elicia mais sentimentos que o diretivo. Cox et al. (1988), voltando a esse tema, descrevem outra pesquisa com mães na qual se demonstrou que o estilo de entrevista responsivo e menos estruturado eliciou mais sentimentos e expressões emocionais que o mais diretivo e estruturado.

Quanto à necessidade do treino, McCready & Waring (1986) verificaram que, segundo as pesquisas, as técnicas tradicionais, inclusive a modelação, falham se o desempenho do aluno não for testado na prática. Um estudo também mostrou que, um, em três alunos, apresentam dificuldades iniciais atribuídas, ao menos em parte, à ansiedade e não a déficits em habilidades interpessoais. Os autores lembram, ainda, que alguns estudantes têm dificuldades insuperáveis com a carreira médica, as quais poderiam ser identificadas, e os mesmos serem orientados a não seguirem a carreira clínica; mas isto, em geral, não é feito, até porque os professores, muitas vezes, se esquivam da tarefa de fornecer *feedbacks* negativos. Consideramos essa observação de extrema relevância, pois, situação semelhante foi encontrada em nossa experiência com ensino.

Em seu levantamento de pesquisas com residência psiquiátrica, esses autores não encontraram muitas informações sobre as técnicas de ensino específicas, mas os indícios apontaram o seguinte:

- Os cursos cuidadosamente estruturados são mais efetivos e mais aceitos pelos alunos;
- O *feedback* parece ser elemento essencial e é mais efetivo, se positivo, específico e completo;
- Pacientes podem dar *feedbacks* a estudantes e parecem apreciar fazê-lo;
- Pacientes simulados, apenas se bem treinados, podem ser efetivos;
- Finalmente, os estudantes demonstram alta aceitação dos programas de treino e enfatizam a supervisão direta e a oportunidade da prática como

essenciais. Essa observação também é semelhante ao que temos encontrado em nossa experiência.

Para finalizar, os autores sugerem que os programas de ensino passem a desenvolver programas especiais para alunos com maiores dificuldades.

Gordon & Tolle (1991) relatam um programa de treino de entrevistas com residentes, nas quais são utilizados voluntários da comunidade, como pacientes. Estes são treinados para fornecer *feedbacks* imediatos que apontam os comportamentos dos residentes que ajudaram ou prejudicaram a interação.

Outro estudo de interesse foi desenvolvido por Thiel et al. (1991). Esses autores padronizaram um instrumento para avaliar entrevistas médicas, o qual é composto de 74 itens, sendo 42 de habilidades de entrevistar e 32 de conteúdo médico. Eles pesquisaram quantas entrevistas são necessárias, até que se alcancem índices estáveis de avaliação nesse instrumento. Após acompanhar 24 médicos, concluíram que são necessárias ao menos oito entrevistas. Com isto, apontaram um erro que eles chamam de problema da especificidade do caso. Esse erro refere-se ao fato de que o bom desempenho em uma única entrevista não é um preditor eficaz de um bom desempenho futuro. Como os casos variam muito, a confiabilidade inter casos é problemática. Daí a necessidade de o aluno entrevistar vários e diferentes casos.

Em outro estudo sobre instrumentos, Duckworth et al. (1993) pesquisaram uma escala de avaliação de entrevista psiquiátrica que pudesse ser aplicada por juízes. Estes deveriam ser treinados e hábeis para entrevistar e observar, mas não precisariam ser, necessariamente, médicos. Sendo assim, os juízes escolhidos foram fonoaudiólogos. A escala contém 27 itens, todos referentes à habilidade de entrevistar. A avaliação é feita em escala de três pontos, porque os autores entendem que um maior número deles poderia dificultar sua discriminação. A composição dos pontos é a seguinte: 1 – inapropriado; 2 – às vezes inapropriado; e 3 – apropriado. Alguns comportamentos poderiam não ocorrer, como o contato físico, por exemplo; mas caso ocorressem, seriam avaliados. Não houve critério externo de validação, por os autores entenderem que, quanto mais acordo houver sobre comportamentos apropriados, maior é a competência do entrevistador. Para testar o instrumento, um único operador de câmera gravou as entrevistas de 12 médicos: seis deles com mais de cinco anos de experiência e outros seis inexperientes. Os juízes julgaram as entrevistas através de vídeo. Os sujeitos, com resultados acima de 80%, foram considerados bons entrevistadores, e abaixo de 70%, entrevistadores fracos. Foi constatado que houve menor concordância entre os comportamentos não verbais. Entre os resultados, verificou-se que três dos psiquiatras experientes e com mais de 50 anos de idade foram classificados como fracos entrevistadores.

Pode-se citar mais dois breves estudos na área da Medicina. Block & Coulehan (1987) adotaram como procedimento o treino dos alunos apenas naquelas dificuldades indicadas por eles; enquanto Kirby (1983) gravou os *feedbacks* para os alunos, ao mesmo tempo em que assistia as suas entrevistas, através de espelho unidirecional. Posteriormente, os alunos assistiam as suas entrevistas gravadas, enquanto ouviam os *feedbacks*. Isto permitia uma economia de tempo para o professor.

Após analisar esses e outros estudos de entrevistas na área da Medicina, identificaram-se algumas tendências, às vezes, semelhantes e, às vezes, diferentes daquelas da Psicologia.

Ao contrário dos estudos de Psicologia, os de Medicina sempre incluem, e, com destaque, as habilidades referentes ao processo de entrevistar, inclusive testando sua correlação com o conteúdo, o que tem sido apenas sugerido por aqueles.

Enquanto na área de Psicologia ainda são citados apenas alguns experimentos ou descrição de estudos com uns poucos alunos, ligados a matérias curriculares, mas voluntários, na Medicina já são descritos programas institucionalizados, seja na forma de *workshops*, ou de cursos regulares integrados aos currículos, os quais atendem a um número alto de alunos, inclusive classes inteiras. Contudo, para as práticas, as classes são geralmente divididas e os exercícios feitos em grupos menores, como os da Psicologia.

A Medicina também demonstra maior preocupação com os instrumentos de medida, principalmente aqueles mais abrangentes que incluam a avaliação de ambas as classes de habilidades: de processo e de conteúdo. A Psicologia demonstra preocupação maior apenas com os conteúdos das entrevistas, inclusive adotando em algumas pesquisas a validação social dos mesmos. Talvez, porque atendam a classes numerosas de alunos, na área da Medicina, recorrem-se mais a vários tipos de auxiliares não médicos, seja como instrutores, seja como simuladores de clientes.

Finalmente, ambas as áreas enfatizam a importância da experiência em situação natural, mas utilizam-se extensivamente das situações simuladas. As técnicas de *role-play* e *feedbacks* são apontadas em ambas as áreas como as mais eficientes para o treino, mostraram-se, realmente, as mais utilizadas.

Embora os métodos de treino apresentem, em linhas gerais, os mesmos recursos básicos, a literatura revela muita variabilidade quanto às possibilidades práticas de implementar esses recursos. Somando-se as sugestões da Psicologia e da Medicina, encontram-se todas as possibilidades, abaixo descritas.

Verificou-se que os alunos podem ser de cursos regulares ou optativos, e, em ambos os casos, sua participação pode ser voluntária ou obrigatória. Além disso, há pesquisas que não fazem parte de nenhuma disciplina.

A duração dos programas de ensino pode variar de um período do dia ou um final de semana a um semestre ou um ano.

O número de alunos pode ser de uma classe toda ou um pequeno grupo.

O treinamento pode envolver só prática ou, também, textos para leitura.

As práticas podem ser apenas em situação simulada ou em situação natural, ou ambas.

O número de entrevistas praticadas pode variar, desde parte de uma única entrevista até várias delas.

As práticas podem ser em grupo, em duplas ou individualmente. Nos dois primeiros casos, o grupo ou a dupla podem só assistir à execução da entrevista, ou participarem dela.

As entrevistas podem ser assistidas diretamente, através de espelhos com visão unilateral, ou ainda através de gravações em áudio ou em vídeo.

Os instrutores podem ser os professores, monitores ou outros auxiliares.

Nas situações simuladas, o papel de cliente pode ser feito por colegas, monitores, atores profissionais, professores e até pacientes voluntários. Em qualquer caso, quem vai representar pode ou não receber um *script*.

Em geral, as entrevistas são acompanhadas de discussões e *feedbacks*. Estes podem ser dados por colegas, monitores ou instrutores, professores, ou pelo próprio cliente, seja simulado ou não.

Os *feedbacks* podem ser livres ou limitados a listas previamente definidas das habilidades de interesse.

As entrevistas podem ser acompanhadas de relatório e discussão de seus resultados.

Quanto à explicitação das habilidades esperadas do aluno, durante a entrevista, podem variar desde explicações gerais até a delimitação de um pequeno número definido operacionalmente. O tipo de habilidade avaliada pode ser referente ao processo de entrevistar, de conteúdo ou de ambos.

As avaliações do desempenho do aluno podem ser uma autoavaliação assistemática ou através de questionários e escalas. Podem ser feitas por observadores, de forma direta ou através de gravações e, em geral, baseadas em algum tipo de *checklist*.

3 CONSIDERAÇÕES GERAIS SOBRE OS PROGRAMAS DE ENSINO E SUGESTÕES AOS PROFESSORES

Em resumo, apesar da variabilidade acima descrita, da análise dos resultados apontados no levantamento por nós realizado sobre métodos de ensino e da nossa própria experiência, pode-se concluir que os programas de ensino da entrevista clínica deveriam incluir os seguintes elementos básicos:

a) possibilidade dos alunos praticarem entrevistas, se possível, iniciando com a situação simulada e completando com a situação natural. Os programas mais efetivos têm sido os mais longos, nos quais as entrevistas são praticadas várias vezes;

b) as técnicas de ensino mais efetivas têm sido o *role-play* e os *feedbacks* imediatos, por isso deveriam também integrar tais programas;

c) os manuais ou leituras e os modelos parecem não ser suficientes, quando utilizados sozinhos; mas podem ser úteis e encurtar a duração dos programas, quando introduzidos como recursos auxiliares. Sendo assim, são indicados para compor os programas, os manuais e os treinamentos em grupo, nos quais ocorre, também, a aprendizagem por observação;

d) quanto às habilidades de entrevistar, os programas mais completos deveriam incluir tanto as de processo quanto as de conteúdo. Além disso, uma forma adequada, e prática, de se avaliar o desempenho dos alunos é por meio de *checklist*;

e) finalmente, verifica-se que os programas, para serem efetivos, demandam infra-estrutura adequada tanto de material quanto de pessoal.

Aplicamos um programa de ensino com as características acima, com várias turmas regulares do curso de graduação em Psicologia. Resultados e análises desses estudos estão em Gongora (1996) e Gongora (1997). Até a presente data o programa, então implantado na Universidade Estadual de Londrina, embora passando por algumas reformulações, continua sendo ministrado como parte regular de uma disciplina de Psicologia Clínica.

Cabe ressaltar aqui o fato de que, em todas as turmas de alunos consultadas sobre a continuidade ou não do programa, a grande maioria tem solicitado a sua manutenção. Além disso, solicitam que seja mantida a utilização do manual. Muitos alunos solicitam, ainda, mais oportunidades para praticarem entrevistas.

Gostaríamos, ainda, de sugerir aos professores um procedimento que passamos a adotar nos anos mais recentes: a introdução de leituras complementares e conceitos relativos aos fundamentos behavioristas radicais da Análise do Comportamento. Em geral os professores acham que esse tipo de leitura e de aula pode ser muito difícil ou desinteressante para o aluno. Nós também pensávamos assim inicialmente. Mas, para nossa surpresa, na medida em que eles começavam a entender esses fundamentos, e aplicá-los, passavam a se interessar e solicitavam mais aulas sobre isto. Muitos alunos pediam grupo de estudos fora do horário de aula para entenderem melhor os fundamentos do behaviorismo. O que pudemos constatar nessa nossa experiência é que, com a elucidação de tais fundamentos a prática clínica fica mais eficaz, pois, eles lançam mais luz em nossas interpretações e escolhas de procedimentos. Em geral, parece que os alunos ficam mais tranquilos e satisfeitos com suas decisões e escolhas de procedimentos. Seguem algumas sugestões de textos que tratam desses fundamentos: Castro & De Rose (2008); Follete et al. (2000); Gongora (2003); Lopes et al. (2012); Sampaio & Andery (2012) e Tourinho & Neno (2003).

4 UM MODELO DE *CHECKLIST*

Tendo em vista a praticidade dos *checklist*s como instrumentos de avaliação do desempenho dos alunos e como auxiliares para os *feedbacks*, desenvolvemos um *checklist* cujo método de construção encontra-se detalhado em (Gongora, 1997, p. 516). Uma versão atualizada desse *checklist* pode ser vista no quadro a seguir.

Quadro I

Checklist para *feedback* em entrevista clínica inicial:
um instrumento para avaliar o desempenho do terapeuta

TERAPEUTA/ENTREVISTADOR:_____
AVALIADOR:_____

ASSINALAR:
I = Inadequado   Data ___/___/___
R = Regular   Duração _____ min
A = Adequado

	I	R	A
1 – Cumprimentos iniciais e forma de apresentar-se ao cliente	( )	( )	( )
2 – Comportamentos referentes às anotações dos dados	( )	( )	( )
3 – Qualidade das interações iniciais	( )	( )	( )
4 – Transição da fase inicial para o desenvolvimento da entrevista: forma de entrar no assunto	( )	( )	( )
5 – Informações sobre a clínica, fornecidas ao cliente: precisão e suficiência	( )	( )	( )
6 – Demonstração de controle emocional frente às informações e comportamentos apresentados pelo cliente	( )	( )	( )
7 – Utilização de questões fechadas e abertas: adequabilidade do momento e da quantidade	( )	( )	( )
8 – Postura(s) assumida(s) durante a entrevista	( )	( )	( )
9 – Voz do terapeuta: altura, entonação, ritmo	( )	( )	( )
10 – Expressão facial apresentada no decorrer da entrevista	( )	( )	( )
11 – Gestos apresentados durante a entrevista	( )	( )	( )
12 – Grau em que a situação de entrevistar esteve sob o controle do terapeuta	( )	( )	( )
13 – Introdução de conselhos: oportunidade e adequabilidade	( )	( )	( )

14 – Manutenção dentro dos objetivos da entrevista: pertinência dos conteúdos abordados	( )	( )	( )
15 – Duração dentro do limite de tempo	( )	( )	( )
16 – Formulação de perguntas completas	( )	( )	( )
17 – Utilização de linguagem acessível	( )	( )	( )
18 – Comportamento de "ouvir": não interromper falas pertinentes do cliente	( )	( )	( )
19 – Grau em que as perguntas foram indutoras de respostas	( )	( )	( )
20 – Grau de interferência dos valores pessoais do terapeuta	( )	( )	( )
21 – Tipo de interferência do humor do terapeuta	( )	( )	( )
22 – Grau de atenção e concentração do terapeuta	( )	( )	( )
23 – Utilização de recursos variados de entrevistar	( )	( )	( )
24 – Apresentação de empatia no decorrer da entrevista	( )	( )	( )
25 – A manutenção de sequência na entrevista: continuidade entre a fala do cliente e do terapeuta	( )	( )	( )
26 – O sumariar: realização de resumos	( )	( )	( )
27 – Qualidade do encerramento e da despedida	( )	( )	( )
28 – Obtenção de dados pessoais e familiares do cliente: suficiência	( )	( )	( )
29 – Identificação da natureza do problema ou queixa	( )	( )	( )
30 – Grau de operacionalização das informações obtidas	( )	( )	( )
31 – Obtenção de dados históricos do problema: suficiência	( )	( )	( )
32 – Obtenção de dados referentes aos eventos e circunstâncias relacionadas ao problema	( )	( )	( )
33 – Obtenção de dados referentes às dimensões do problema	( )	( )	( )
34 – Obtenção de dados referentes às condições gerais de saúde do cliente	( )	( )	( )
35 – Não formulação de perguntas que pedem causas	( )	( )	( )
36 – Grau de desconforto do terapeuta: circular um número na escala de 0 a 10:	0, 1, 2, 3, 4, 5, 6, 7, 8, 9 ou 10		

Como esse *checklist* foi desenvolvido no contexto de um programa específico, pode conter itens que não façam sentido fora daquele contexto. Ou seja, não se trata de um instrumento padronizado. Seus itens indicam apenas os principais temas ou classes de respostas do terapeuta (entrevistador) que deveriam ser avaliados ou observados. Quando elaborado, e por nós aplicado, o foi em programas nos quais os alunos liam antes a parte I deste manual.

Instrumentos desse tipo permitem o cálculo de um índice geral de desempenho, o qual possibilita comparar os resultados quantitativos e qualitativos de distintas aplicações. No modelo apresentado acima, isto pode ser feito atribuindo-se diferentes valores às respostas em - "inadequado", "regular" e "adequado" -, como, por exemplo: 0,0; 0,5 e 1,0, respectivamente. O total de pontos constitui o índice geral de desempenho.

Quanto ao tipo de habilidades que o constituem, pode-se verificar que os itens de número 1 a 27 referem-se ao processo de entrevistar, enquanto que os itens de número 28 a 35, ao conteúdo e à qualidade dos dados obtidos. Já o item de número 36 destina-se à auto-avaliação do nível de ansiedade pelo aluno entrevistador.

Nossas últimas palavras aos professores são para pontuar que, das nossas experiências com ensino e pesquisa, resultou a constatação de que os cursos sistemáticos, nos moldes aqui sugeridos, são extremamente eficazes para se ensinar muitas das habilidades básicas do psicoterapeuta. Por isto, são indicados como forma de os alunos se iniciarem na prática clínica.

REFERÊNCIAS

ACHENBACH, T. M. *CBCL-Manual for the Child Behavior Checklist/4-18 and 1991 Profile*. Burlington: University of Vermont, Departament of Psychiatry, 1991.

_____. *YSR-Manual for the Youth Self-Report and 1991 Profile*. Burlington: University of Vermont, Departament of Psychiatry, 1991.

_____. *TRF-Manual for the Teacher's Report Form and 1991 Profile*. Burlington: University of Vermont, Department of Psychiatry, 1991.

_____. *Integrative Guide for the CBCL/4-18, YSR, and TRF Profiles*. Burlington: University for Vermont, Departament of Psychiatry, 1991.

ACHENBACH, T. M.; MCCONAUGHY, S. *The semistructured clinical interview:* observation form. Burlington: University of Vermont, Center of Children, Youth and Families, 1990.

ACHENBACH, T. M.; MCCONAUGHY, S. *Empirically based assessment of child and adolescent psychopathology:* pratical applications. (v. 13). Thousand Oaks, Calif.: Sage Publications, 1997.

ANCONA-LOPES, M. Características da clientela de clínicas-escola de Psicologia em São Paulo. *Arquivos Brasileiros de Psicologia*, Rio de Janeiro, v. 1, n. 35, 1983, p. 78-92.

ANDERSON, D. D. et al. Undergraduate role players as "clients" for graduate counseling students. *Teaching of Psychology*, Columbia, v. 16, n. 3, Oct., 1989, p. 141-142.

AUGER, L. *Comunicação e crescimento pessoal:* a relação de ajuda. 2. ed. São Paulo: Loyola, 1981.

BACORN, C. N.; MULLINS, D.; TARBOX, A. R. Evaluation of an interviewing skills course for second-year medical students. *Journal of Medical Education*, Washington, n. 62, Dez., 1987, p. 995 - 997.

BALAU, R. M. S. C. *Proposição e avaliação de um programa de ensino da atividade de entrevistar:* entrevista clínica inicial. Dissertação (Mestrado em Psicologia) – Instituto de Psicologia, Universidade de São Paulo, São Paulo, 1980.

BALLEWEG, B. J. The interviewing team: an exercise for teaching assessment and conceptualization skills. *Teaching of Psychology*, Columbia, v. 4, n. 17, Dez., 1990, p. 241-243.

BANACO, R. A. O impacto do atendimento sobre a pessoa do terapeuta. *Temas em Psicologia*, n. 2, 1993, p. 71-79.

BANDINI, C. S. M.; ROSE, J. C. C. Uma introdução à noção de comportamento verbal e à proposta de análise behaviorista radical. *In: A abordagem behaviorista do comportamento novo*. Santo André: ESETec, 2006, p. 13-51.

BARBOSA, J. I. C.; SILVARES, E. F. M. Uma caracterização preliminar das clínicas-escola de psicologia de Fortaleza. *Estudos de Psicologia*, v. 11, n. 3, set./dez, 1994, p. 50-57.

BARLOW, D. H.; HAYES, S. C.; NELSON, R. O. *The scientist practitioner*: research and accountability in clinical and educational settings. New York: Pergamon Press, 1986.

BARRIOS, B. A. On the changing nature of behavioral assessment. *In:* BELLACK, A. S.; HERSEN, M. (Eds.), *Behavioral assessment*: a practical handbook. New York: Pergamon Press, 1988, p. 3-41.

BELLACK, A. S.; HERSEN, M. *Behavioral assessment*: a practical handbook. New York: Pergamon Press, 1988.

BENJAMIN, A. *A entrevista de ajuda*. São Paulo: Martins Fontes, 1978.

BILLOW, R. M.; MENDELSOHN, R. The interviewer's "presenting problems" in the initial interview. *Bulletin of the Menninger Clinic*. Topeka, v. 54, n. 3, 1990, p. 295-434.

BLOCK, M. R.; COULEHAN, J. L. Teaching the difficult interview in a required course on medical interviewing. *Journal of Medical Education*, Washington, DC, v. 62, Jan., 1987, p. 35-40.

BROPHY, J. E. Research on the self-fulfilling prophecy and teacher expectation. *Journal of Educational Psychology*, v. 75, n. 5, 1983, p. 631-661.

CALLAGHAN, G. M. The Functional Idiographic Assesment Template (FIAT) System. *The Behavior Analyst Today*, 2006, n. 7, 357-398.

CASTRO, M. S. L. B. & DE ROSE, J. C. C. *A ética skinneriana e a tensão entre descrição e prescrição no behaviorismo radical*. Santo André: ESETec, 2008.

CONTE, F. C. S. Reflexões sobre o sofrimento humano e a análise clínica comportamental. *Temas em Psicologia*, v. 18, 2010, p. 385-398.

COX, A.; RUTTER, M.; HOLBROOK, D. Psychiatric interviewing techniques. A second experimental study: eliciting feelings. *British Journal of Psychiatry*, London, v. 52, 1988, p. 64-72.

DUCKWORTH, M. S. *el al.* Initial encounters between people with a mild mental handicap: an investigation of a method of evaluating interview skills. *Journal of Intellectual Disability Research*, Adelaide, v. 37, n. 3, 1993, p. 263 - 276.

EDELBROCK, C.; COSTELLO, A. J. Structured psychiatric interviews for children and adolescents. *In:* GOLDSTEIN, G.; HERSEN, M. (Eds.). *Handbook of psychological assessment*, New York: Pergamon Press, 1984, 276-291.

EGAN, G. *Interpersonal living:* a skills/contract approach to human-relations training in groups. Belmont: Wadsworthp, 1976.

EMERICH, DEISY RIBAS. *Avaliação comportamental infantil:* inclusão de múltiplos informantes e o uso da entrevista. Psicologia Clínica, Dissertação de Mestrado, Instituto de Psicologia, 2013.

EVANS, I. M.; NELSON, R. O. Assessment of children. *In*: CIMINERO, A. R.; CALHOUM, K. S.; ADAMS, H. E. (Eds.), *Handbook of behavioral assessment.* 2. ed. New York: John Willey and Sons, 1986, p. 601-631.

FABER, R. J.; OUT, J.; REEPMAKER, J. Teaching interviewing skills to pediatric junior clerks using simulated mothers. *Medical Education*, Oxford, v. 18, 1984, p. 255-261.

FAIRBAIRN, S. *et al.* The teaching of interviewing skills: comparison of experienced and novice trainers. *Medical Education*, Oxford, v. 17, 1983, p. 296 - 299.

FALCONE, E. O. *A influência dos aspectos socioeconômicos na procura e continuidade do atendimento psicológico*. [Trabalho de campo da disciplina de Pós-Graduação em Psicologia: Orientação de pais com enfoque na criança e na interação familiar]. Manuscrito não publicado, Instituto de Psicologia, Universidade de São Paulo, São Paulo, 1994.

FOLLETE, W. V.; NAUGLE, A. E.; LINNEROOTH, P. J. Functional Alternatives to Traditional Assesment and Diagnosis. *In:* M. J. Dougher (Org.), *Clinical Behavior Analysis*. Reno, Nevada: Context Press, 2000, p. 99-126.

FUREY, W.; FOREHAND, R. Maternal satisfaction with clinic-referred children: assessment by use of a single subject methodology. *Journal of Behavioral Assessment*, New York, v. 5, 1984, p. 345-355.

GARRET, A. *A entrevista, seus princípios e métodos*. Rio de Janeiro: Agir, 1975.

GELFAND, D. M.; HARTMANN, D. P. *Child behavior analysis and therapy*. New Yok: Pergamon Press, 1975.

GENARO, H. R. *Relatório de estágio em psicoterapia cognitivo-comportamental*. Texto apostilado para fins acadêmicos de avaliação de estágio, Coimbra, 1994.

GOLDFRIED, M. R.; DAVISON, G. C. *Clinical behavior therapy*. New York: Holt, Rinehart and Winston, 1976.

GONGORA, M. A. N. *A entrevista clínica inicial:* análise de um programa de ensino. Tese (Doutorado em Psicologia) – Instituto de Psicologia, Universidade de São Paulo, 1995.

GONGORA, M. A. N. Desempenho dos alunos na entrevista de triagem de uma clínica-escola paranaense. *In:* CARVALHO, R. M. L. L. (Coord.), *Repensando a formação do psicólogo:* da informação à descoberta. Campinas: Átomo, 1996, p. 155-168.

GONGORA, M. A. N. Aprendendo entrevista clínica inicial: contribuições para a formação do terapeuta. *In:* GRASSI-LEONARDI, T. C. C. *et al.* (Orgs). *Sobre comportamento e cognição:* a prática da análise do comportamento e da terapia cognitivo-comportamental. São Paulo: Arbytes, v.1. 1997, p. 516-524.

GONGORA, M. A. N. Itinerário para analisar comportamento verbal encoberto. *In:* Maria Zilah S. Brandão *et al.* (Orgs). *Sobre Comportamento e Cognição:* A história e os avanços, a seleção por conseqüências em ação. Santo André: ESETec, 2003, p. 66-81.

GORDON, G. H.; TOLLE, S. W. Discussing life-sustaining treatment. *Archives Internal of Medicine*, Chicago, v. 151, Mar., 1991, p. 567-570.

GROSS, A. M. Behavioral interviewing. *In:* OLLENDICK, T. H.; HERSEN, M. (Eds.). Child behavioral assessment, principles and procedures. New York: Pergamon Press, 1984, p. 61-79.

GROSS, A. M. Children. *In*: HERSEN, M.; TURNER, S. M. (Orgs.). *Diagnostic interviewing*. New York: Plenum Press, 1987, p. 309-336.

GROSS, A. M.; WISTED, J. T. Assessment of children conduct disorders. *In*: BELLACK, A. S.; HERSEN, M. (Orgs.). *Behavioral assessment:* a practical handbook. New York: Pergamon Press, 1988, p. 578-608.

HACKNEY, H.; NYE, S. *Aconselhamento:* estratégias e objetivos. São Paulo: EPU, 1977.

HARRIS, S. L. The relationship between family income and number of parent perceived problems. *International Journal of Social Psychiatry*, London, v. 20, 1974, p. 109-112.

HAYES, S. *Delineamento de pesquisa para situações de intervenção em educação e Psicologia*. Texto apostilado e impresso para o curso de mesmo nome, Universidade de São Carlos, São Paulo, 1987.

HAYES, S. C.; SMITH, S. *Get out of Your Mind E Into Your Life*. Oakland: New Harbinger Publications, 2005.

HAYES, S. C. Accptance and Commitment Therapy and the new behavior therapies: Mindfulness, accetance and relationship. *In*: S. C. Hays; V. M. Follette; M. Linrhan (Orgs), *Mindfulness and acceptance:* Expanding the cognitive behavioral tradition. New York: Guilford, 2004, p. 1-29.

HAYNES, S. N. *Principles of behavioral assessment*. New York: Gardner Press, 1978.

HOLLAND, C. J. An interview guide for behavioural counseling with parents. *Behavior Therapy*, v. 1, n. 1, 1970, p. 70-79.

INGBERMAN, Y. K. *Atendimento psicológico em clínicas-escola:* clientela, fontes de encaminhamento e queixas em diferentes clínicas-escola de Psicologia. [Trabalho de campo da disciplina de Pós Graduação em Psicologia: Orientação de pais com enfoque da criança e da interação familiar]. Manuscrito não publicado, Universidade de São Paulo, São Paulo, 1994.

ISAACS, C. D.; EMBRY, L.; BAER, D. M. Training family therapists: an experimental analysis. *Journal of Applied Behavior Analysis*, Lawrence, v. 15, n. 4, 1982, p. 505-520.

IWATA, B. A. *et al*. Assessment and training of clinical interviewing skills: analogue analysis and field replication. *Journal of Applied Behavior Analysis*, Arlington, v. 15, n. 2, 1982, p. 191-203, summer.

KAHN, R. L.; CANNELL, C. F. The dynamics of interwieing. New York: J. Wiley, 1957.

KANFER, F. H.; PHILLIPS, J. S. Comportamento verbal e entrevista. *In*: KANFER, F.; PHILLIPS, J. S. (Eds.). *Os princípios da aprendizagem na terapia comportamental*. São Paulo: EPU, v. 2. 1974, p. 165-207.

KANFER, R.; EYBERG, S. M.; KRAHN, G. L. Interviewing strategies in child assessment. *In*: WALKER, C. E.; ROBERTS, M. C. (Eds.). *Handbook of Clinical Child Psychology*. Nova York: John Wiley and Sons, 1992, p. 49-63.

KANTER, J.W. *et al*. Assesment and case conceptualization. *In*: M. TSAI *et al*. (Orgs). *A guide to functional analytic psychotherapy*: awareness, courage, love and behaviorism. New York: Springer, 2009, p. 37-60.

KAZDIN, A. *Single-case research designs:* methods for clinical and applied settings. New York: Oxford University Press, 1982.

KAZDIN, A. Parent management training evidence, outcomes and issues. *Journal of the American Academy of Child and Adolescent Psychiatry*, Chicago, v. 36, n. 10, 1997, p. 1349-1356, Out.

KEEFE, F. J.; KOPEL, S. A.; GORDON, S. B. *Manual prático de avaliação comportamental*. São Paulo: Manole, 1980.

KENDALL, L.; BRASWELL, L. Treating impulsive children throughout behavioral cognitive strategies. *In*: JACOBSON, N. (Ed.). *Psychotherapists in clinical practice*. New York: Guilford Press, 1989, p. 153-190.

KIRBY, R. L. Running commentary recorded simultaneously to enhance videotape as an aid to learning interviewing skills. *Medical Education*, Oxford, v. 17, 1983, p. 22-30.

KIVLIGHAN, D. M. Counselor intentions and working alliance. *Journal of Counseling Psychology*, Arlington, v. 37, n. 1, 1990, p. 27-32.

KIVLIGHAN, D. M.; CHMITZ, P. J. Counselor technical activity in cases with improving working alliances and continuing poor working alliances. *Journal of Counseling Psychology*, Arlington, v. 39, n. 1, 1992, p. 32-38.

KOHLENBERG, R. J.; TSAI, M. Functional analytic psychotherapy. *In*: JACOBSON, N. S. (Ed.). *Psychotherapists in clinical practice:* cognitive and behavioral perspectives. New York: Guilford Press, 1987, p. 388-443.

KOHLENBERG, R. J.; TSAI, M. *Functional analytic psychotherapy:* creating intense and curative therapeutic relationships. New York: Plenum Press, 1991.

LA GRECA, A. M.; STONE, W. L. Assessing children through interviews and behavioral observations. *In*: WALKER, C. E.; ROBERTS, M. C. (Orgs). *Handbook of clinical child psychology*. Nova York: John Wiley and Sons, 1992, p. 63-85.

LAZARUS, A. A. *Psicoterapia personalista:* uma visão além dos princípios de condicionamento. Belo Horizonte: Interlivros, 1977.

LAZARUS, A. A. A entrevista inicial. *In*: _____. (Ed.), *Terapia comportamental na clínica*. Belo Horizonte: Interlivros, 1979, p. 57-70.

LEONARD, J. L.; BORGES, N. B.; CASSAS, F. A. Avaliação funcional como ferramenta norteadora da prática Clínica. *In*: Nicodemos B. Borges e Fernando A. Cassas (Orgs). *Clínica Analítico-comportamental:* aspectos teóricos e práticos. Porto alegre: Artmed, 2012, p. 105-109.

LIMA, M. O. A psicoterapia comportamental infantil. *In*: LETTNER, H. W.; RANGÉ, B. P. (Orgs.). *Manual de psicoterapia comportamental*. São Paulo: Manole, 1988, p. 255-263.

LONBORG, S. D. *et al*. Counselor and client verbal response mode changes during initial counseling sessions. *Journal of Counseling Psychology*, Arlington, v. 38, n. 4, 1991, p. 394-400.

LOVETT, L. M.; COX, A.; ABOU-SALEH, M. Teaching psychiatric interview skills. *Medical Education*, Oxford, v. 24, n. 3, 1990, p. 243-250.

LOPES, C. E. Uma proposta de definição de comportamento no behaviorismo radical. *Revista Brasileira de Terapia Comportamental e Cognitiva*, v. 10, 2008, p. 1-13.

LOPES, C. E.; LAURENTI, C., ABIB, J. A. D. Homem Complexo. *In*: C. E. LOPES; C. LAURENTI; J. A. D. ABIB. *Conversas pragmatistas sobre comportamentalismo radical:* mundo, homem e ética. Santo André: ESETec, 2012, p. 85-130.

MAGUIRE, P. Can communication skills be taught? *British Journal of Hospital Medicine*, London, v. 43, 1990, p. 215-216, Mar.

MARKS, I. M. *Behavioral psychoterapy:* mandsley pocket book of clinical management. Bristol: IOP Publishing, 1986.

MARKS, I. M. [Comunicação pessoal em curso de terapia comportamental, proferido pelo autor, no Brasil, sob auspícios do British Council, Fapesp e CNPq]. 1987.

MAYER, S. B. *et al.* Análise do comportamento e terapia comportamental. *In:* E. Z. Tourinho e S. Luna (Orgs.), *Análise do comportamento:* bases históricas, conceituais e filosóficas. São Paulo: ROCA, 2010, p. 153-174.

MCAULEY, R. Parent training: a clinical application. *In:* FALLOON, I. R. H. (Ed.). *Handbook of family behavioral therapy.* London: Guilford Press, 1986, p. 159-180.

MC CAMMON, S.; PALOTAI, A.A Behavioral assessment of a seven-year-old girl with behavior problems at school an at home. *In:* HAYNES, S. N. (Org.). *Principles of behavioral assessment.* New York: Gardner Press, 1978, p. 458-481.

MC CONAUGHY, S. F. *Clinical interviews for children and adolescents.* New York: Guilford Press, 2005.

MC CONAUGHY, S. F. *Clinical Interviews for Children and Adolescents*, 2th ed. New York: Guilford Press, 2013.

MCCREADY, J. R.; WARING, M. D. Interviewing skills in relation to psychiatric residence. *Canadian Journal of Psychiatry*, Otawa, v. 31, 1986, p. 317-322, Mai.

MEJIAS, N. P. *Modificação de comportamento em situação escolar.* São Paulo: EPU, 1973.

MERRELL, K.V. *Behavioral social and emotional assessment of children and adolescents*, 3rd ed. New York: Erlbaum, 2008.

MILTENBERGER, R. G.; FUQUA, R. W. Training behavioral interviewers. *Journal of Applied Behavior Analysis*, Lawrence, v. 18, n. 4, 1985, p. 323-328.

MILTENBERGER, R. G.; VELTUM, L. G. Evaluation of instructions and modeling procedure for training behavioral assessment interviewing. *Journal of Behavioral Experimental Psychiatry*, Elmsford, v. 19, n. 1, 1988, p. 31-41.

MIRANDA, C. F.; MIRANDA, M. L. *Construindo a relação de ajuda.* Belo Horizonte: Crescer, 1986.

MORGANSTERN, K. P. Behavioral interviewing. *In*: BELLACK, A. S.; HERSEN, M. (Orgs.). *Behavioral assessment:* a practical handbook. 3th ed. New York: Pergamon Press, 1988, p. 86-118.

MUCCHIELLI, R. *A entrevista não-diretiva*. São Paulo: Martins Fontes, 1978.

NEMIROFF, M. A.; ANNUNZIATA, J. *O primeiro livro da criança sobre psicoterapia*. Porto Alegre: Artes Médicas, 1996.

O'LEARY, D. K. The assessment of psychopathology in children. *In*: QUAY, H. C.; WERRY, J. S. (Orgs.). *Psychopatological disorders of childhood*. New York: Wiley, 1979.

OLLENDICK, T. H.; HERSEN, M. An overview of child behavioral assessment. *In*: _____. *Child behavioral assessment:* principles and procedures. New York: Pergamon Press, 1984.

OLLENDICK, T. H.; MEADOR, A. E. Behavioral assessment of children. *In*: GOLDSTEIN, G.; HERSEN, M. (Eds.). *Handbook of psychological assessment*. New York: Pergamon Press, 1984, p. 351-369.

OLTMANNS, T. F.; BRODERICH, J. E.; O´LEARY, K. D. Marital adjustementan efficacy of Behavior Therapy with children. *Journal of Consulting and Clinical Psychology*, Lancaster, v. 45, 1977, p. 724-729.

PATTERSON, G. R.; REID, J. B.; DISHION, T. J. *Antisocial boys*. USA: Castalia, 1992.

POLLOCK, D. C.; SHANLEY, D. F.; BYRNE, P. N. Psychiatric interviewing and clinical skills. *Canadian Journal of Psychiatry*, Otawa, v. 30, n. 1, 1985, p. 64-68.

REIMERS, T. M *et. al*. Assessing, the functional properties of noncompliante behavior in an outpatient setting. *Child & Family Behavior Therapy*, v. 15(3), 1993, p. 1-44.

RIMM, D. C.; MASTERS, J. C. *Terapia Comportamental:* métodos e resultados experimentais. São Paulo: Manole, 1983.

ROCHA, M. M. *Evidências de validade do "Inventário de Autoavaliação para Adolescentes" (YSR/2001) para a população brasileira*. Tese de doutorado apresentada e defendida no Departamento de Psicologia Clínica do Instituto de Psicologia da Universidade de São Paulo, 2012.

ROCHA, M. M. *et al.* Behavioural/emotional problems in Brazilian children: findings from parents' reports on the Child Behavior Checklist. *Epidemiology and Psychiatric Sciences*, 2013. Available on CJO 2012doi:10.1017/S2045796012000637.

ROGERS, C. R.; ROSENBERG, R. L. *A pessoa como centro*. São Paulo: EPU, 1977.

RUDIO, F. V. *A orientação não diretiva:* na educação, no aconselhamento e na psicoterapia. Petrópolis: Vozes, 1987.

SAMPAIO, A. A. S.; ANDERY, M. A. P. A. Seleção por conseqüências como modelo de causalidade e a clínica analítico-comportamental. *In*: Nicodemos B. Borges; Fernando A. Cassas (Orgs). *Clínica analítico-comportamental:* aspectos teóricos e práticos. Porto Alegre: Artmed, 2012, p. 77-86.

SANDERS, M. R.; LAWTON, J. M. Discussing assessment findings with families: a guided participation model of information transfer. *Child and Family Behavior Therapy*, New York, v. 15, n. 2, 1993, p. 5-35.

SANTOS, G. M.; SANTOS, M. R. M.; CUNHA, V. M. Operantes verbais. *In*: Nicodemos B. Borges; Fernando A. Cassas (Orgs). *Clínica analítico-comportamental:* aspectos teóricos e práticos. Porto Alegre: Artmed, 2012, p. 64-76.

SCHOENFELDT, B. K.; LONGHIN, M. I. Motivos da consulta a um centro de orientação infantil em São Paulo. *Arquivos Brasileiros de Psicotécnica*, Rio de Janeiro, v. 3, 1959, p. 65-66, jul./dez.

SHAPIRO, E. S.; KRATOCHWILL, T. R. Introduction : Conducting a multidimensional behavioral assessment. *In:* E. Shapiro; T. R. Kratochwill (Eds). *Conducting school-based assessments of child and adolescent behavior*. New York: Guilford Press, 2000, p. 1-20.

SHEPHERD, D.; HAMMOND, P. Self-assessment of specific interpersonal skills of medical undergraduates using immediate feedback through closed-circuit television. *Medical Education*, Oxford, v. 18, 1984, p. 80-84.

SHIRK, S. R.; PHILLIPS, J. S. Child therapy training: closing gaps with research and practice. *Journal of Consulting and Clinical Psychology*, Lancaster, v. 59, n. 6, 1991, p. 766-776.

SILVARES, E. F. M. A evolução do diagnóstico comportamental. *Psicologia: Teoria e Pesquisa*, Brasília, v. 7, n. 2, 1991, p. 179-187.

SILVARES, E. F. M. O papel preventivo das clínicas-escola de Psicologia no seu atendimento a crianças. *Temas de Psicologia,* Ribeirão Preto, 1993, v. 2, p. 87-97.

SILVARES, E. F. M. Funções e características da entrevista clínica comportamental. *Psicologia Argumento.* Curitiba, v. 12, n. 15, 1994, p. 57-69.

SILVARES, E. F. M. O modelo triádico no contexto da terapia comportamental com famílias. *Psicologia: Teoria e Pesquisa.* Brasília, v. 11, n. 3, 1995a, p. 235-241.

SILVARES, E. F. M. Intervenção clínica e comportamental com crianças. *In*: RANGÉ, B. (Org.). *Psicoterapia comportamental e cognitiva:* pesquisa, prática, aplicações e problemas. Campinas: Editorial Psy II, 1995b, p. 133-143.

SILVARES, E. F. M. (Org.). Estudos de caso em psicologia clínica comportamental infantil. Campinas: Papirus, 2000.

SILVARES, E. F. M.; PEREIRA, R. A Intervenção clínica comportamental infantil. *In*: Ilana Andretta; Margareth da Silva Oliveira (Org.). *Manual prático de terapia cognitivo-comportamental.* São Paulo: Casa do Psicólogo, 2011, 481-506.

SKINNER, B. F. *Verbal Behavior*. New York: Aplpleton-Century-crofts, 1957.

STILLMAN, P. L. *et al.* Six years of experience using patient instructors to teach interviewing skills. *Journal of Medical Education,* Washington, v. 58, 1983, 941-946, Dec.

THARP, R.; WETZEL, R. Behavior modification in the natural environment. Nova York: Academic Press, 1969.

THIEL, J. V.; KRAAN, H. F.; VLEUTEN, C. P. M. V. Reliability and feasibility of measuring medical interviewing skills: the revised Mastricht History-Taking and Advice Checklist. *Medical Education,* Oxford, v. 25, 1991, p. 224-229.

TOURINHO, E. Z.; NENO, S. Effectiveness as truth criterion in behavior analysis. *Behavior and Philosophy,* v. 31, 2003, p. 63-81.

TRACEY, T. J. *et al.* Changes in counselor response as a function of experience. *Journal of Counseling Psycology,* Arlington, v. 35, n. 2, 1988, p. 119 - 126.

TSAI, M. *et al. A guide to Functional Analytic Psychotherapy:* Awareness, courage, Love and Behaviorism. New York: 2009, Springer.

TURKAT, I. D. The behavioral interview. *In*: CIMINERO, A. R.; CALHOUM, K. S.; ADAMS, H. E. (Eds.). *Handbook of behavioral assessment.* 2rd ed. New York: John Willey and Sons, 1986, p. 109-149.

WAHLER, R. G.; CORMIER, W. H. The ecological interview: a first step in outpatient child behavior therapy. *Journal of Behavior Therapy and Experimental Psychiatry*, Elmsford, v. 1, 1970, p. 279-289.

WATKINS, C. E. Jr *et al.* Effects of counselor response behavior on clients' impressions during vocational counseling. *Journal of Counseling Psychology*, Arlington, v. 37, n. 2, 1990, p. 138-142.

WEBSTER-STRATTON, C. Annotation: strategies for helping families with conduct disorderd children. *Journal of Child Psychology and Psychiatry*, New York, v. 32, n. 7, 1991, p. 1047-1062.

WELLS, K. B.; BENSON, M. C.; HOFF, P. A Model for teaching the brief psychosocial interview. *Journal of Medical Education*, Washington, v. 60, 1985, p. 181-188, Mar.

WELLS, K. C. Assessment of children in outpatient settings. *In*: BELLACK, A. S.; HERSEN, M. (Eds.). *Behavioral assessment:* a practical handbook. 2rd ed. Nova York: Pergamon, 1985, p. 484-533.

WHITCOMB, S.; KENNETH, W. M. Behavioral, social, and emotional assessment of children and adolescents. 3rd ed., New York: Taylor & Francis Press, 2013.

WHITEHOUSE, C.; MORRIS, P.; MARKS, B. The role of actors in teaching communication. *Medical Education*, Oxford, v. 18, 1984, p. 262-268.

ZARO, J. S. *et al.* Introdução à prática terapêutica. São Paulo: EPU – EDUSP, 1980.

ZIMMERMAN, R. S. Teacher and parent perceptions of behavior problems among a sample of african, american, hispanic, and non-hispanic white students. *American Journal of Community Psychology*, New York, v. 223, n. 2, 1995, p. 181-197.